BERNSTEIN

Erst holt der Mann den Bernstein
– dann holt der Bernstein den Mann

BERNSTEIN

Redaktion: Mariann Ploug

Text: Ole Faber, Lene B. Frandsen und Mariann Ploug

Übersetzung: Ulrike E. Müller

Herausgeber: Ravmuseet (Das dänische Bernsteinmuseum), 2000

Satz, Repro und Druck: PE offset & reklame A/S, Varde, Dänemark
Gesetzt mit: Bookman Oldstyle (10 pt.)
Papier: Lumi Silk (115 gr.)
Buchbinderische Verarbeitung: Sandersens Bogbinderi, Næstved, Dänemark

Fotos: Niels Elswing: Umschlag
Palle Uhd Jepsen: Abb.1
Flemming Schmidt: Abb.2,4,5,6,15,16,18,19,
20,21,22,23,24,25,30,31,32,33,34,35,36,40,
41,42,43,44,45,49,50,51,52,55,56,58,59,60,
61,63,64,65,66,67,68,70,71,72,73,74,75,76,77
Torsten Rasmussen: Abb.9,10,11,12,13,14
Museet for Varde By og Omegn: Übrige Bilder

Umschlag: Oksbøl-Bild (Ausschnitt), Ölgemälde von Otto Frello, 1998

Vertrieb und Verkauf:
Museet for Varde By og Omegn
Lundvej 4, DK-6800 Varde
Tlf.: +45 75 22 08 77

ISBN: 87-89834-37-2

VORWORT

Das Bersteinmuseum wurde am 21. Juni 1998 eröffnet. Im Laufe des ersten Jahres kamen 38 924 Besucher, von denen viele spontan sagten, dass sowohl Grösse wie Inhalt der Ausstellung ihre Erwartungen überträfe. Die häufigste Beschwerde dagegen war, dass man sich zu wenig Zeit für den Besuch genommen habe. Daher die immer wieder gestellte Frage nach einem Katalog mit allen Ausstellungstexten. Ein solcher Katalog liegt nun vor!

Zusammen mit Abbildungen ausgewählter Ausstellungsstücke enthält diese Zusammenstellung alle Ausstellungstexte in leicht redigierter Form. Sie sind der im hinteren Teil des Buches aufgelisteten Literatur entnommen. Anhand der gleichen Quellen wurden mehrere Tafeln und Diagramme erarbeitet. Wo es sich um direkte Wiedergaben handelt, sind die Quellen genannt.

BERNSTEIN IN DER NATUR

Geht man am Strand auf Bernsteinsuche, gibt es keinen Zweifel, was richtiger Bernstein ist. Am leichtesten sind die klaren, gelben Stücke, die im Licht funkeln, zu erkennen, aber man findet auch dunkleren oder matten Bernstein.

Bevor man jedoch ein Stück echten Bernstein findet, hat man sicher eine Menge bernsteinähnlicher Steine in die Hand genommen, die sich entweder zu schwer oder zu kalt anfühlen. Schlägt man sie vorsichtig gegen die Zähne, klingen sie hart, und wenn sie trocknen, werden sie matt.

Bernstein ist kein Stein, sondern Harz, das mindestens 20 Millionen Jahre alt sein muss, bevor es Bernstein genannt wird. Bernstein ist weicher als Stein und wirkt warm in der Hand. Kleinere Stücke Bernstein findet man am Strand zwischen Holzkohlepartikeln, Muschelschalen und anderem organischen Material, während grössere Klumpen oft hin und her gespült werden, bis sie aufgesammelt oder von schwereren Gegenständen zurückgehalten werden.

Abb. 1. Bernsteinsammler bei Blåvandshuk, ca. 1980.

HARZ

Harz ist eine dickflüssige, klebrige Flüssigkeit, die aus Verletzungen an Bäumen austritt und die Stellen schützend versiegelt. Nach einer Periode von mindestens 20 Millionen Jahren, in denen sich der Pflanzensaft verändert und der Ölgehalt reduziert, verwandelt sich Harz unter bestimmten Bedingungen zu Bernstein. Industriell wird Harz vor allem zur Herstellung von Terpentin genutzt. Es wird auch künstliches Harz produziert, das als konservierender Belag zur Haltbarmachung verwendet wird. Ebenso benutzt man Kanadabalsam, der aus einer nordamerikanischen Edeltanne gewonnen wird, zum Versiegeln von Präparaten zum Mikroskopieren.

Die konservierenden Eigenschaften des Harzes waren schon den alten Ägyptern bekannt, die das Material bei Einbalsamierungen verwendeten. Die Griechen dagegen meinten, mit Hilfe von Harzzusatz die Haltbarkeit des Weins zu verlängern. So entstand Retsina-Wein, dessen markanter Geschmack vom Harz der Aleppofichte herrührt. Harz wird auch als Kaugummi mit desinfizierender Wirkung gebraucht, da er die Entwicklung von Bakterien und Pilzen verhindert.

Hat ein Fischer ein grosses Stück Bernstein im Netz, handelt es sich in der Regel um Harz. Der grösste bekannte Klumpen wurde 1988 mit einem Trawlernetz südöstlich von Gotland gefischt. Eine Kohlenstoff 14-Untersuchung ergab, dass er aus der Periode zw. 1600 - 1950 stammt. Dieser Klumpen von 238 kg ist seither in vier Stücke zerfallen, von denen das grösste 137 kg wiegt. Wahrscheinlich stammt er von einem Handelsschiff, das Harz transportierte und untergegangen ist.

Kopal

Der Name wird von Copalli abgeleitet, was in Nahautl, einer Sprache der Azteken, Weihrauch bedeutet.

Kopal kann mehrere Millionen, mehrere Tausende oder mehrere Hunderte Jahre alt sein. Je älter Kopal ist, desto härter ist er und desto grösser die Ähnlichkeit mit Bernstein. Eine ältere Art von ca. 330 000 Jahren stammt aus Mizunami in Japan.

Es wird auch roher Kopal produziert, der direkt von lebenden Bäumen gezapft wird. Kaurikopal z.B. stammt von Nadelbäumen auf Neuseeland, Kongokopal von Laubbäumen der Apfelblütenfamilie in Afrika.

Eine wirksame Methode bestand darin, das flüssige Harz am Baumstamm zu Klumpen erstarren zu lassen, die nach einigen Monaten eingesammelt wurden. Dann öffnete man den ersten Schnitt nochmals und der Prozess wurde wiederholt. Diese Methode ist heute verboten, da die Bäume daran sterben. Auch hat mit der Entwicklung von synthetischen Produkten die Nachfrage nachgelassen.

Ein grosser Teil des im Handel befindlichen Kopals wird in Neuseeland im Tagebau abgebaut, oft in Stücken von bis zu 50 kg. Ein Klumpen mit dem Rekordgewicht von 84 kg befindet sich im Museum in Dargaville. Der in der Erde abgebaute Kopal ist zwischen 850 und 45 000 Jahre alt und enthält nur selten Einschlüsse.

Die Maoris, die Urbevölkerung Neuseelands, benutzten Kopal als Kaugummi und zur Zahnreinigung. Der halbfossile Kopal diente auch als Räuchermittel, mit dem Insekten auf Abstand gehalten wurden. Brennender Kopal wurde für Tätowierungen verwendet.

Als in den 1820er Jahren Europäer nach Neuseeland kamen, begannen sie, Kopal als Brennstoff und, in Öl aufgelöst, als Firnis zu nutzen, wodurch das Material zu einem wichtigen Exportartikel der Insel wurde.

Harztypen

Harz wird je nach Herkunft und Anwendung in verschiedene Typen eingeteilt:

ECHTE HARZE

Kopal
Gemeinsame Bezeichnung für verschiedene, durchsichtige, in Alkohol und Äther nur teilweise lösliche Harze von unbestimmter, teilweise fossiler Herkunft.

Harte Kopale:
- Ostindischer Kopal oder Sansibar
- Benguela
- Sierre Leone
- Angola

Weiche Kopale:
- Brasilianischer oder Anime-Kopal
- Manillakopal
- Kowie- oder Kaurikopal aus Neuseeland

Kopallack wird durch Schmelzen von Harz hergestellt, wodurch eingeschlossene Dämpfe entweichen und eine klare, dünnflüssige Masse entsteht. Hierzu mischt man guten Firnis und gibt diese Mischung in Terpentinöl. Der sirupartige Lack ergibt eine sehr harte, doch elastische Oberfläche.

Mastix (Mastix harpix)
Stammt von der Mastixpistazie aus Südeuropa. Aufgrund seiner Farblosigkeit wird er hauptsächlich als Firnis für Gemälde und als Fixierer für Kohlezeichnungen verwendet.
- Bombaymastix hat eine geringere Qualität und stammt von einer anderen Pistazienart.

Benzoeharz (Resina benzoe)
Wird von einem ostindischen Baum gewonnen, dem Styrax. Findet wegen seines Wohlgeruchs in der Medizin, als Räucherharz oder bei der Parfümherstellung Anwendung.
- Siam-Benzoeharz duftet stark nach Vanille.
- Penang- oder Singapur-Benzoe ist weniger gefragt.
- Sumatra-Benzoe riecht ähnlich wie Gas.

Drachenblut (Resina sanguis dragon)
Rotes Harz, das aus den Früchten der Rotangpalme in Ostindien gewonnen und zum Färben von Firnis und Politur benutzt wird. Ausser dem echten Drachenblut gibt es auch amerikanisches und kanadisches Harz so-

wie Socotora, die von völlig anderen Pflanzen stammen. Drachenblut wird auch mit rotem Ocker nachgeahmt.

Elemi
Kommt in zwei Sorten vor, die beide von Bäumen der Balsambaumfamilie stammen. Wird in der Medizin und zur Herstellung von Firnis verwendet.
- Manilla ist klebrig weich, unklar und riecht nach Fenchel.
- Mexikanisches Elemi ist durchscheinend und riecht nach Dill.

Dammar (Dammar harpix)
Wird aus verschiedenen, vor allem ostindischen Bäumen gewonnen, jedoch nicht von der Dammarafichte, die Kowriekopal abgibt. Ist farblos, aber nicht besonders hart und wird für Lacke und Firnis verwendet.

Guajakharz (Resina guajaci)
Vom Guajak-Baum, der in Westindien wächst. Wird in begrenztem Umfang zur Firnisherstellung benutzt.

Sandarak (Resina sandraca)
Wird von einem Nadelbaum im nordwestlichen Afrika gewonnen. Farb- und geruchlos mit einem schwach aromatischen, bitteren Geschmack. Wird für Firnis verwendet, oft in einer Mischung mit Gummi arabicum, wodurch es unklar wird.

Akaroidharz
Wird von einigen Grasbaumarten Australiens gewonnen.
- Rotes Akaroidharz schmeckt unangenehm nach Zimt.
- Gelbes Akaroid oder Botanybay-Harz, Blackboygum, ist aromatisch und hat einen süsslichen Beigeschmack.

Besonders das rote Akaroid wird für verschiedene, gefärbte Firnisse verwendet.

Kiefernharz
Wird aus verschiedenen europäischen und amerikanischen Nadelbäumen gewonnen.
- Rohharz, Galipot oder Barras, ist erstarrtes Terpentin.
- Burgunderpech, Burgunderharz, weisses Pech oder weisses Harz enthalt 10% Wasser und 10% Terpentinöl.
- Kolophonium (Kolofonium harpix), das eigentliche Kiefernharz, gewinnt man in Amerika, Österreich, Deutschland und Frankreich. Es wird für Firnis, Siegel- und Flaschenlack sowie Braupech verwendet.
- Resinate sind harzsäurehaltige Salze
  - Harzseifen, die u.a. in gewöhnliche Seife gemischt werden.
- Mit Kalk gekochtes Harzöl, evtl. mit Tran, altem Fett und Resten aus der Petroliumdestillation gemischt, wird als Maschinenfett verwendet. Ist auch Bestandteil von Wichse, Braupech, Lacken und falschem Leinöl.

Bernstein (Succinit u.a.)
Wird zur Herstellung von Luxusgegenständen, aber auch für einen besonders harten Lack verwendet, der auf gleiche Weise zubereitet wird wie Kopallack.

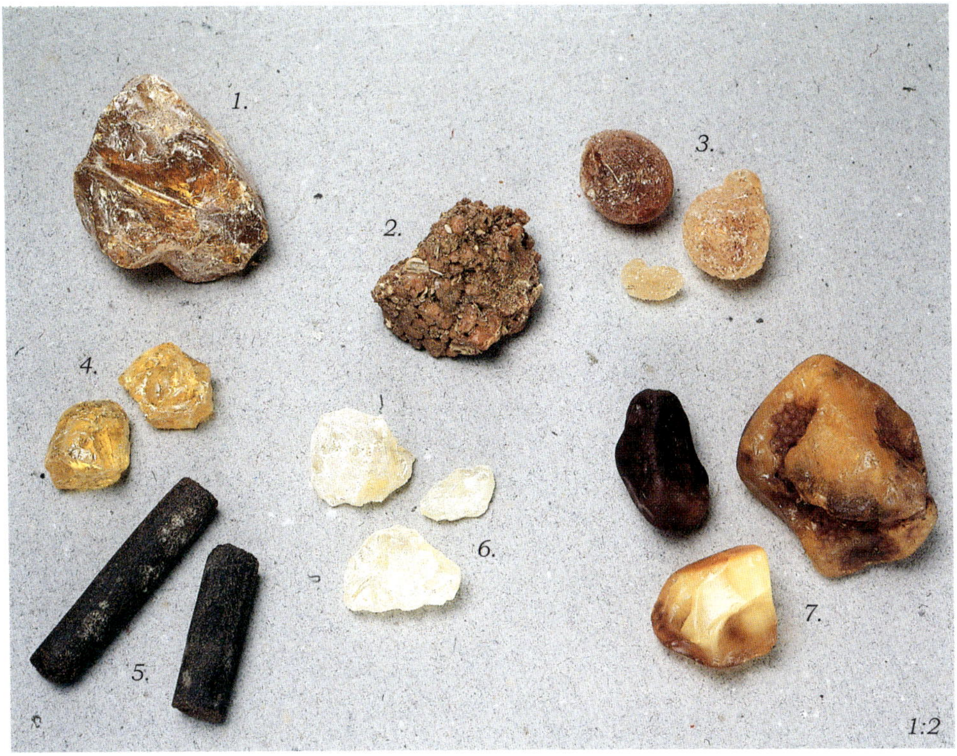

Abb. 2. Harztypen.
1. Kolofonium
2. Gummi resina amoniac
3. Gummi arabicum
4. Myrrhe
5. Resina sanguis dragon
6. Dammarharz
7. Succinit

BALSAME
Bestehen hauptsächlich aus in ätherischem Öl aufgelösten Harzen. Die meisten Balsame werden in der Arzneimittelindustrie verwendet, von denen ein Grossteil nur in der Apotheke erhältlich ist.

Terpentin
15-30% Kolophonium in Terpentin aufgelöst. Wird zur Herstellung von Kolophonium und Terpentinöl sowie Firnis und Siegellack verwendet.
- Gewöhnliches Terpentin ist zähflüssig, klebrig und unklar mit einem unangenehmen Geruch. Zu dieser Art gehören österreichisches, deutsches, französisches und amerikanisches Terpentin.
- Feines Terpentin ist beinah vollständig klar und hat einen angenehmen Geruch. Zu dieser Art gehören Strassburger, ungarisches und venezianisches Terpentin sowie Kanadabalsam.

Mekkabalsam
Wird von einer Art des Murrhabaums aus Arabien gewonnen. Duftet angenehm und wird hauptsächlich zur Parfümherstellung benutzt.

Perubalsam
Wird aus dem Myroxylonbaum gewonnen, der zu den Hülsenpflanzen gehört und in Guatemala und San Salvador wächst. Eine dunkle, rotbraune, sirupartige Flüssigkeit, die nach Vanille duftet und einen bitteren Geschmack hat. Wird als Surrogat für Vanille in der Schokoladenproduktion und Parfümherstellung verwendet.

Kopaivabalsam
Wird aus der südamerikanischen Copaifera gewonnen, einer Hülsenpflanze, die in Brasilien und Venezuela wächst. Eine weniger wertvolle Art kommt von den Antillen. Hat einen würzigen, durchdringenden Geruch und einen bitteren, scharfen und brennenden Geschmack. Wird in der Arzneimittelindustrie sowie als Zusatz für Firnis und Lacke verwendet, um diese elastischer zu machen und Risse zu vermeiden.

Tolu-, Storaks- und Gurjunbalsam
Werden, ausser in der Apotheke, nur selten verwendet.

GUMMIHARZE
Mischungen aus Gummi, Harz, Farbstoff und in der Regel ätherischen Ölen, die im Milchsaft verschiedener Bäume vorkommen. Wird in der Arzneimittelproduktion verwendet.

Gummilack oder Stocklack
Farbstoff, der aus der Eiablage von Läusen auf den Ästen verschiedener ostindischer Bäume entsteht.
- Lackfarbstoff, wird in Färbereien verwendet.
- Kornlack ist ein Nebenprodukt aus verschiedenen Harzen, Pflanzenwachs und pflanzlichem Leim.
- Schellack besteht aus geschmolzenem, geseihtem und zu Platten geformtem Kornlack. Ist geruch- und geschmacklos, entwickelt aber bei Erhitzen einen sehr charakteristischen Geruch. Wird zur Herstellung von Siegellack, Möbelpolitur, Spirituslack, in der Hutfabrikation u.v.m. verwendet. Der beste rote Siegellack besteht aus einer mit Zinnober gefärbten Mischung aus Schellack und venezianischem Terpentin.

Gummigutt
Milchsaft eines Baumes aus Hinterindien und Sri Lanka. Enthält 20% Gummi und 80% gelbes Harz, ist geruchlos und hat einen anfangs süsslichen, danach brennend scharfen Geschmack. Ist äusserst giftig. Wird hauptsächlich als Wasserfarbe und zum Färben von Firnis verwendet.

Ammoniakgummi (Gummi resina amoniac)
Milchsaft einer persischen Baumart, der als Porzellankitt verwendet wird.

Olibanum (Gummi resina olibanum)
Zur Herstellung von Räucherwerk.

Myrrhe (Myrrha)
Erstarrtes Harz von verschiedenen Baumsorten. Wird als Räuchermittel benutzt.

Asant, Bdellium, Euforbium, Galbanum, Opoponax und Sagapén (Gummi resina galbanum)
Werden in der Arzneimittelherstellung verwendet.

Gummiarabikum oder Arabisches Gummi (Gummi arabicum)
Ist kein Harz, sondern ein Kohlehydrat, das als Saft verschiedener Bäume vorkommt. Die beste Sorte stammt von einer Akazienart aus Ost- und Westafrika.
- Die ostafrikanische Sorte wird Arabisches Gummi genannt.
- Senegalgummi ist die Bezeichnung für die westafrikanische Sorte.

Keine der verschiedenen Gummisorten kommt aus Arabien.

Bernstein aus Alaska
Kanadischer Bernstein
Bernstein aus den USA
Mexikanischer Bernstein
Dominikanischer Bernstein
Columbianischer Bernstein

Succinit
Succinit
Französischer Bernstein
Walchowit
Österreichischer Bernstein
Schweizer Bernstein
Rumanit
Spanischer Bernstein
Retinit
Simetit

Abb. 3. Bernstein aus der ganzen Welt.
≺ Bernstein aus Europa.

BERNSTEIN AUS ALLER WELT

Bernsteinvorkommen

Weltweit gibt es ca. 200 bekannte Bernsteinfundstellen. Das dort gefundene Material stammt aus verschiedenen Zeitaltern und ist von verschiedener Herkunft. Allgemein gilt, dass mehr als 20 Millionen Jahre alte Harze Bernstein genannt werden. Der älteste Bernsteinfund ist 320 Millionen Jahre alt und wird eher als Fossil bezeichnet, da er sich stark von den bekannten Bernsteintypen unterscheidet.

Von Zeit zu Zeit entdeckt man unterirdische Bernsteinablagerungen an Stellen, die nicht als Fundstellen bekannt waren. An Küsten angespülter Bernstein dagegen ist seit Jahrtausenden bekannt, zumindest der lokalen Bevölkerung.

In Österreich gibt es 225 - 231 Millionen Jahre alte Bernsteinvorkommen, und auch Funde aus Bayern weisen versteinerte Algen und Protozoen, wie z.B. Amöben, auf, die die ältesten registrierten Einschlüsse sind. Bernstein im Libanon, in Frankreich, der Schweiz, Sibirien, USA und Kanada wurde vor mehr als 125 Millionen Jahren gebildet. In der Regel spricht man hier von Bernstein aus dem Tertiär (vor 1,6 - 65 Millionen Jahren) oder dem Mesozoikum (Kreide, Jura und Trias, vor 65 - 250 Millionen Jahren).

Bernstein ist sehr verschiedenartig und hat eine Unzahl von Bezeichnungen. Im folgenden werden nur die wichtigsten Gebiete und Bezeichnungen genannt.

Succinit (Tertiär)
Wird auch baltischer Bernstein genannt. Ist vor allem in der “Blauen Erde” gelagert und wird im Tagebau abgebaut. Das grösste Stück wiegt 9,750 kg und wurde 1860 in der Nähe von Stettin, Polen, gefunden. Es befindet sich im Museum für Naturkunde in Berlin. Bernstein wird in der südöstlichen Ostseeregion und im Hinterland abgebaut, wird aber auch entlang den Küsten gesammelt. Die dort gefundene Art von Bernstein ist die gleiche, die im südlichen Schonen und entlang der dänischen Küsten, vor allem der jütischen Westküste, auftritt. Bernstein aus anderen bekannten Gegenden wie Bitterfeld, aus Polen und der Ukraine sowie Bernstein von englischen und holländischen Küsten wird ebenfalls als Succinit bezeichnet.

Rumanit (Tertiär)
Rumänischer Bernstein. Näher mit Succinit als mit anderen Bernsteinarten verwandt. Die meisten, heute fast leeren Bernsteinlager liegen im Bezirk Burzau. Rumanit hat eine gelbbraune bis tiefbraune Farbe.

Walchowit (Mesozoikum)
Benannt nach Walchow in der Slowakei. Bernstein kommt in Ablagerungen aus kohlehaltigem Ton und Sandstein vor. Sein wachsgelbes, undurchsichtiges Aussehen erinnert an Bernstein aus dem Libanon, Frankreich und Japan.

Abb. 4. Bernsteinarten aus.
1. Dänemark (Nymindegab)
2. Der Ukraine
3. Spanien
4. Dänemark (Lyngså)
5. Der Karibik
6. Dem Libanon
7. Indonesien

Simetit (Tertiär)
Sizilianischer Bernstein, der von der Quelle des Simeto stammt. Die Bernsteinlager auf Sizilien sind allmählich alle abgebaut worden. Simetit ist transparent mit roten, blauen und grünen Farbtönen.

Retinit (Tertiär)
Bulgarischer Bernstein. Eine ähnliche Art findet man in Jugoslawien und auf der Balkanhalbinsel.

Österreichischer Bernstein (Mesozoikum)
Die Fundorte liegen hauptsächlich bei Wien und Salzburg. Enthält nur wenige Einschlüsse.

Schweizer Bernstein (Mesozoikum)
Die wichtigsten Funde wurden bei Münchenstein südlich von Basel gemacht. Die Stücke haben eine Grösse von wenigen Millimetern bis zu 10 cm.

Französischer Bernstein (Mesozoikum)
Kommt in Nordwestfrankreich vor und erinnert in der Struktur an Bernstein aus New Jersey. Enthält jedoch nur wenige Einschlüsse, ungefähr 40 pro Kilo.

Spanischer Bernstein (Mesozoikum)
40 kg Bernstein mit reichhaltigen Einschlüssen wurden in der Provinz Alava im Baskenland gefunden.

Libanesischer Bernstein (Mesozoikum)
Ist schwer zugänglich und kommt in kleineren Stücken vor, die hauptsächlich für Wissenschaftler interessant sind. Ist spröde und rissig.

Israelischer Bernstein (Mesozoikum)
Wie libanesischer Bernstein.

Nigerianischer Bernstein (Tertiär)
Kommt in tonhaltigem Sandstein vor. Ist klargelb oder rot mit unbedeutenden Einschlüssen. Wird als der einzige echte afrikanische Bernstein betrachtet.

Sibirischer Bernstein (Tertiär, Mesozoikum)
Die wissenschaftlich interessantesten Stücke mit vielen Einschlüssen wurden in der Tajmyrregion gefunden. Es gibt auch Bernsteinvorkommen in Kazachstan und auf Sachalin.

Burmit (Tertiär)
Wird hauptsächlich im Norden Burmas abgebaut, von wo er nach China gelangt. Oft klar und durchsichtig, manchmal rötlich. Einer der weltweit grössten Klumpen von 15 kg, der im Natural History Museum in London aufbewahrt wird, soll von dort stammen.

Chinesischer Bernstein (Tertiär)
Auch bekannt als mongolischer oder mandschurischer Bernstein. Kommt vor allem in kohleführenden Schichten in der Fu Shun-Region nordöstlich von Peking vor.

Japanischer Bernstein (Tertiär, Mesozoikum)
Die wichtigsten Vorkommen liegen bei der Stadt Kuji nördlich von Tokio, wo Stücke bis zu 60 kg gefunden worden sein sollen. Das grösste anerkannte Stück wiegt 16 kg und befindet sich im National Science Museum in To-

kio. Auch in Mizunami und Chōsi findet man Bernstein mit vielen Einschlüssen und stark variierendem Farbenspiel.

Bernstein aus Sumatra (Tertiär)
Kommt in den Klippen entlag der Flüsse vor, oft unbeschädigt und ohne Verwitterungszeichen. Ist meistens undurchsichtig und bräunlich, doch unter der Oberfläche oft klar mit violetten bis rosa Farbtönen. Ähnelt Bernstein aus Österreich und China.

Bernstein aus Borneo (Tertiär)
Von gleicher Art wie Bernstein aus Sumatra. Das vielleicht grösste Stück der Welt stammt aus Sarawak auf Borneo. Es wog 68 kg, wurde aber Berichten zufolge für den Transport zerteilt. Es befindet sich im Naturkundlichen Museum in Stuttgart.

Neuseeländischer Bernstein (Tertiär)
Kommt im südlichen Teil der Insel vor und wird in Verbindung mit der Kohleförderung abgebaut. Gewöhnlich werden grosse, dunkle und oft klare Stücke gefunden.

Bernstein aus Alaska (Tertiär, Mesozoikum)
Kommt vor allem auf der Alaskahalbinsel, im Yukondelta und auf den zu den Aleuten gehörenden Foz-Inseln vor. Wird oft an den Ufern von Wasserläufen gefunden. Der nördlichste Fund der Welt wurde auf den Ellesmere- und Axel Heiberg-Inseln gemacht.

Kanadischer Bernstein (Mesozoikum)
Mehr als 50 Fundorte. Bernsteinfunde hauptsächlich beim Lake Cedar, Medicine Hat und Grassy Lake, Alberta, enthalten viele eingeschlossene Insekten, bis zu 400 Stück pro Pfund.

Bernstein aus den USA (Tertiär, Mesozoikum)
Die grössten Funde in den USA wurden in New Jersey gemacht. Sie enthalten viele Einschlüsse. Auch an folgenden Orten kommt Bernstein vor: Tennessee, Missisippi, North Carolina, Maryland, Long Island, Staten Island und Cape Cod.

Dominikanischer Bernstein (Tertiär)
Ist in Sandstein gelagert und kommt in grossen Stücken vor. Beträchtliche Bernsteinvorkommen in den Regionen La Cumbre, Palo Alto in der Nähe Santiagos und Bayaguana, wo der Bernstein so jung ist, dass er als Kopal bezeichnet werden muss. Mit dem professionellen Bernsteinabbau wurde in den 1930er Jahren begonnen. Dominikanischer Bernstein ist spröde, oft klar und fluoresziert in wunderschönen gelben, roten, grünen und sogar blauen Farbtönen. Enthält mehr Einschlüsse als anderer Bernstein, fast 1%.

Mexikanischer Bernstein (Tertiär)
Kommt in braunkohleführenden Schichten vor allem in der Provinz Chiapas, hauptsächlich im östlichen Teil des Lacondondschungels, vor. Farblich variiert mexikanischer Bernstein von Gelb bis Rotbraun, aber es werden auch rote und manchmal sogar blaugrüne Stücke gefunden.

BALTISCHER BERNSTEIN

Succinit ist die wissenschafliche Bezeichnung für baltischen Bernstein. Auch bei dem an dänischen Küsten und im dänischen Boden gefundenen Bernstein handelt es sich um Succinit. Doch wurden auch dänische Bernsteinfunde aus der Kreidezeit gemacht, u.a. im Møns Klint. Man nimmt an, dass Succinit vor ca. 30-50 Mio. Jahren im Oligozän und dem Eozän, zwei Epochen des Tertiärs, die zusammen eine Periode von 23 - 57 Mio. Jahren umspannen, von Bäumen gebildet wurde. Zu diesem Zeitpunkt waren Skandinavien und die Ostsee Teil des bergreichen Festlands mit Laub- und Nadelbaumbewuchs. Einige meinen, dass hier die bernsteinproduzierenden Bäume wuchsen. Andere nehmen an, dass Succinit in Wäldern im südlichen Polen und Teilen des östlichen Russland gebildet wurde.

Neuere Theorien

Die jüngsten Theorien gehen davon aus, dass der "Eridanos" genannte Fluss eine Entwässerung Skandinaviens, Finnlands und der Ostsee bewirkte, die damals von Wäldern bedeckt waren. Der "Eridanos" führte den Bernstein zur Mündung, wo er im Delta zwischen dem polnischen Clapowa westlich von Danzig und dem Gebiet nördlich der samländischen Halbinsel abgelagert wurde. Auch andere Bernsteinvorkommen sollen auf diese Art gebildet worden sein. Das Flussdelta enthielt "Blaue Erde" und erstreckte sich vom Samland in die Ostsee und bis nach Polen hinein.

"Blaue Erde" , die nicht blau, sondern grau mit grünlichen Nuancen ist, enthält ca. 1,5 kg Bernstein per Kubikmeter und kommt gewöhnlich in einer ungefähr 9 m tiefen Schicht vor. Im Samland kann man Bernstein unter einer nur 30 cm tiefen Erd- und Sandschicht finden, während polnischer Bernstein tiefer gelagert ist.

Nicht aller Succinit kommt in "Blauer Erde" vor. Während der Eiszeiten haben Eis und Schmelzwasser den Bernstein zu neuen Schichten geführt, die u.a. Schmelzwassersand oder Braunkohle enthalten, wie etwa der Untergrund von Dänemark bis weit nach Mitteleuropa hinein. Schliesslich haben Flüsse den Bernstein wieder in die Ostseeregion zurück transportiert. Mit der Elbe gelangte ein Teil auch in die Nordsee.

In der Ostseeregion finden sich auch andere Bernsteinarten - Gedanit, Beckerit, Stantienit und Glessit, die jedoch von untergeordneter Bedeutung sind.

Abb. 5. Bernstein aus der Jantarnyi-Mine, Region Kaliningrad.
Succinit / Baltischer Bernstein / Ostsee-Bernstein. Gewicht: 1 530 g.

Abb. 6. Bernstein in umgebender Erde.
1. Succinit in "blauer Erde" aus einem Tagebau in der Region Kaliningrad, 1993.
2. Succinit in braunkohlehaltiger Erde aus einem Bitterfelder Tagebau.

PHYSIK UND CHEMIE

Vermutungen über Herkunft und Entstehung von Bernstein

Bernstein ist Wachs von Waldameisen.
Bernstein ist Gallenstein.
Bernstein ist getrockneter Luchsharn.
Bernstein ist Honig, auf den Vitriol in der Erde eingewirkt hat.
Bernstein ist erstarrter und gefrorener Saft von Kirschbäumen.
Bernstein ist kondensierter Meeresschaum.
Bernstein, das sind Tränen von Göttinen und Meerjungfrauen.
Bernstein ist ein Mineral.
Bernstein ist ein Öl in fester Form aus einer Quelle mitten in der Ostsee und die Einschlüsse werden vom Öl an der Wasseroberfläche eingefangen.

Bernstein ist ein Halbedelstein

Geologen definieren Steine als lose Fragmente von Bergarten. Obwohl diese Definition nicht auf Bernstein zutrifft, wird er als Edelstein oder zumindest Halbedelstein bezeichnet.

Nur Steine mit einem Härtegrad von mehr als acht auf der Mohlschen Skala gelten als Edelsteine, also Diamanten, Smaragde, Rubine und Saphire. Alle anderen Steine sind Halbedelsteine. Bernstein hat einen Härtegrad von 2-3. Je älter, desto höher der Härtegrad. Die meisten Edelsteine sind unorganischen Ursprungs. Nur Bernstein ist aus organischem Material, wie auch Perlmutt, Perlen, Korallen, Elfenbein, Jett (Gagat, eine Kohlenverbindung) und Schildkrötenpanzer.

Die Mohlsche Härtskala

1 – Talkum
2 – Gips
3 – Kalkspat
4 – Flussspat
5 – Apatit
6 – Orthoklas
7 – Quarz
8 – Topas
9 - Korund
10 - Diamant

Eigenschaften von Bernstein

Die chemischen und physischen Eigenschaften von Bernstein können von Stück zu Stück variieren. Aber auch ein und dasselbe Stück kann verschieden zusammengesetzt sein. Bernstein besteht nicht, wie die meisten Edelsteine, aus Kristallen, sondern hat einen amorphen Aufbau, wie z.B. Glas. Bernstein ist ein natürlicher Polymer und enthält verschiedene Harzarten. Plastik dagegen ist ein künstlicher Polymer. Die chemische Analyse zeigt, dass Bernstein aus Kohlenstoff, Wasserstoff sowie Sauerstoff und Schwefel besteht. Letzterer verleiht ihm die gelbe Farbe. Andere Färbungen entstehen gewöhnlich durch organische Verschmutzungen.

Abb. 7. Meerjungfrau, Wahrzeichen der Stadt Jantarnyi, Region Kaliningrad, 1993. Der Legende nach besteht Bernstein aus Tränen der Meerjungfrau oder Splittern ihres Palastes.

PHYSISCHE BESTÄNDIGKEIT VON BERNSTEIN

Wasser	nicht löslich
Methylalkohol	löslich in 11,3%
Tetrachlorkohlenstoff	löslich in 11,5%
Alkohol	löslich in 14,3%
Terpentinöl	löslich in 16,9%
Chloroform	löslich in 17,3%
Äther	löslich in 18,8%
Benzol	löslich in 21,2%
Azeton	löslich in 23,3%
Amylalkohol	löslich in 24,2%
Amylazetat	löslich in 30,0%
Anilin	löslich in 30,7%
Benzoldehyd	löslich in 32,1%

CHEMISCHE BESTÄNDIGKEIT VON BERNSTEIN

nicht-oxidierende Agenzien (Stoffe)	hohe Beständigkeit
40% Flusssäure	hohe Beständigkeit
50% Schwefelsäure	hohe Beständigkeit
starke Salzlake und Lauge	hohe Beständigkeit unter normalem Druck
Sauerstoff	Zersetzung
oxidierende Agenzien (Stoffe)	Zersetzung
konzentrierte Schwefelsäure	Zersetzung
konzentrierte Zinnchloridlösung	ätzt die Oberfläche
Chlorwasser	ätzt die Oberfläche

Tatsachen über Bernstein - hier Succinit, Ostseebernstein

Herkunft:	Organisches, fossiles Harz
Alter:	30-50 Millionen Jahre
Struktur:	Amorph, glasartig
Transparenz:	Glasklar, durchsichtig, oft jedoch mit mikroskopischen Tropfen gefüllt und daher nur durchscheinend oder vollständig undurchsichtig
Härte:	2-3 auf der Mohlschen Skala
Geschmeidigkeit:	Bei Zimmertemperatur spröde, aber in Leinöl über 100°C biegsam
Bruchfläche:	Muschelartig
Aufbereitungseigenschaften:	Gut, lässt sich drechseln, bohren, fräsen und hochglanzpolieren
Farbe:	Hellgelb bis rotbraun, selten fast farblos
Strichfarbe:	Weissgelb
Inhalt:	70% Harzsäuren, 3-8% Bernsteinsäure, 4-10% Wasser
Chemische Formel:	Verschieden: $C_{12}H_2O$, $C_{10}H_{16}0$ u.a.
Dichte:	0,9 - 1,1
Lichtbrechungsindex:	nD = 1,54
Floureszenz:	Blauweiss in länger anhaltendem UV-Licht und grün bei kurzzeitigem UV-Licht
Schmelzpunkt:	In physischem Sinne keiner
Entzündbarkeit:	ca. 300°C
Löslichkeit:	370-380°C, gegebenenfalls bei 300°C
Wärmeleitende Eigenschaften:	Schlecht
Wasserabweisende Eigenschaften:	Gut
Elektrische Eigenschaften:	Kann elektrisch aufgeladen werden

DER BERNSTEINWALD

Schon in der Antike nahmen Wissenschaftler wie Aristoteles (384-322 v.Chr.), Plinius d.Ä. (23-79 n.Chr.) sowie Tacitus (ca. 55-ca. 120) an, dass Bernstein von Bäumen stamme. In vielen Mythen werden bernsteinbildende Bäume erwähnt.

Olaus Magnus (1490-1557), schwedischer Pfarrer und Humanist, der von Gustav Vasa an den Hof des Papstes gesandt wurde, war der gleichen Auffassung. 1555 beschreibt er Bernstein in seinem Werk "Historia de gentibus septentrionalibus" und berichtet, dass im Harz von Tannen oder Fichten Frösche, Mäuse, Mücken, Spinnen, Fliegen, Samen und Früchte gefangen werden und Stürme im "gotischen, finnischen oder livländischen Meer" Bernstein an die Küsten Preussens werfen.

Ein Zeitgenosse, der deutsche Arzt und Mineraloge Agricola (1490-1555), verwarf diese Theorie jedoch mit den Worten: "Bernstein kommt aus dem Meer, und im Meer wachsen keine Bäume."

Laub- und Nadelbäume

Heute besteht kein Zweifel mehr, dass Bernstein vom Harz der Bäume stammt. Von welchen Baumarten aber, wird immer noch diskutiert. Wird Bernstein von Laub- oder von Nadelbäumen gebildet? In Bernstein erhaltene Pflanzenteile antworten auf diese Frage mit "sowohl als auch", doch da es sich häufig um ausgestorbene Pflanzen handelt, sind die Forscher auf heutige Pflanzen mit ähnlichem Aufbau angewiesen.

Succinit wurde wahrscheinlich von Kiefernarten gebildet, und obwohl über diese Bäume nichts Genaues bekannt ist, werden sie von der Wissenschaft Pinus siccinifera, Bernsteinkiefer, genannt. Die einzigen, mit Sicherheit bekannten bernsteinproduzierenden Bäume sind Hymenaea, Laubbäume, die den mexikanischen und dominikanischen Bernstein bilden. Die Hymenaea ist heute ausgestorben, aber durch eine DNA-Analyse hat man ihre Zellen bestimmen und somit eine Verwandschaft zu lebenden Bäumen in Amerika und Afrika nachweisen können. Bezüglich der anderen bernsteinproduzierenden Bäume herrscht Unsicherheit oder Uneinigkeit.

Das Oksbøl-Bild

Otto Frellos Bild im Bernsteinmuseum ist ein gutes Beispiel dafür, wie der Bernsteinwald vor 40 Millionen Jahren ausgesehen haben könnte. Durch gründliche Recherchen hat der Künstler sichergestellt, dass die auf dem Bild dargestellte Flora und Fauna mit Einschlüssen, Abdrücken und Versteinerungen aus der gleichen Periode übereinstimmen. Der Umschlag des vorliegenden Katalogs zeigt eine Abbildung des Oksbøl-Bildes.

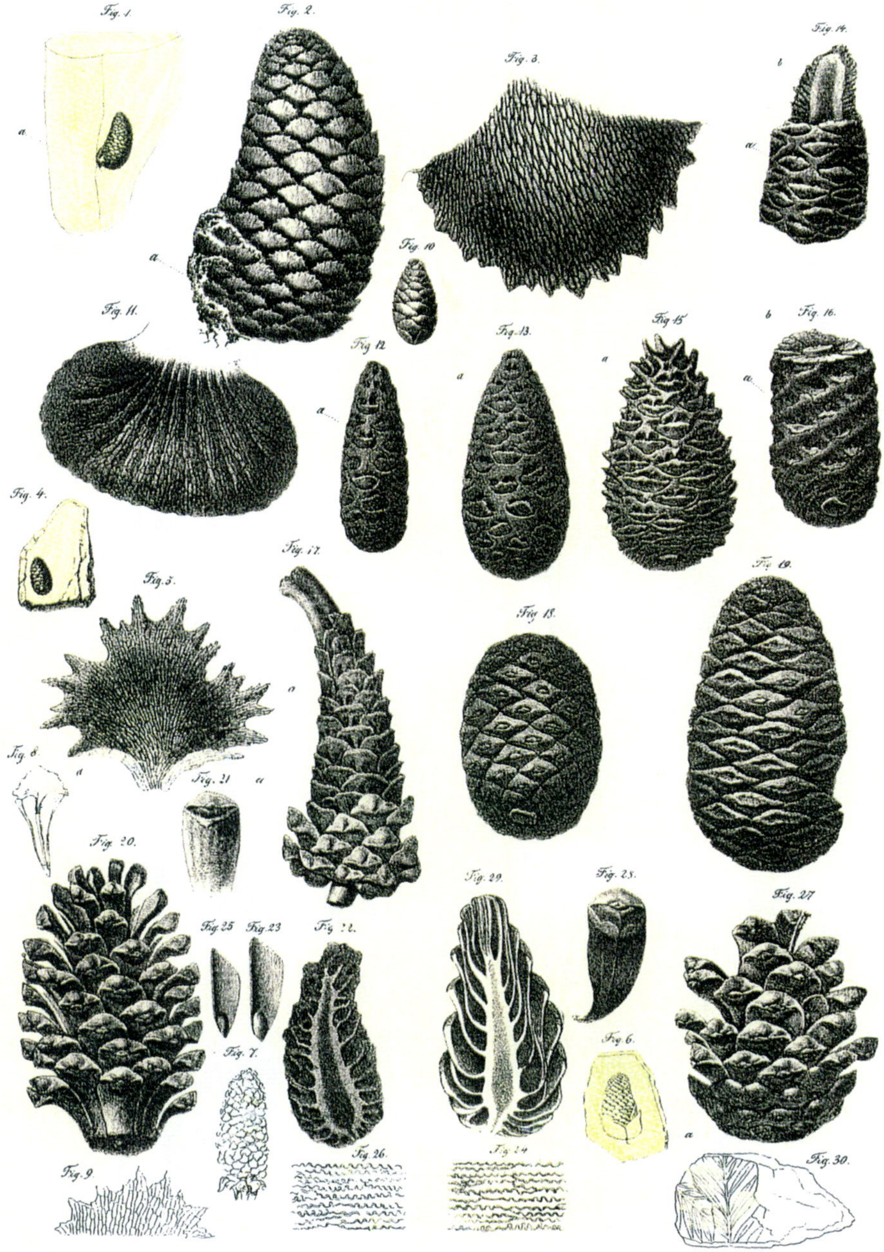

Abb. 8. Vergleichende Studie von Früchten des Bernsteinbaums. Goeppert und Berendt, 1845. Die zapfenähnlichen Früchte sind ein Grund dafür, dass der den baltischen Bernstein, Succinit, produzierende Baum seinen Namen aus der Kiefernfamilie erhielt: Pinus succinifera.

EINSCHLÜSSE

Bernsteineinschlüsse sind Objekte aus einer fernen Vorzeit. Zusammen mit Kopaleinschlüssen, die zwischen 0-20 Mio. Jahre alt sein können, geben sie verlässliche und wertvolle Informationen über das Pflanzen- und Tierreich aus einem Zeitraum von 225 Mio. Jahren und ermöglichen Forschern ein intensives Studium der in klarem Bernstein erhaltenen Objekte.

Früher glaubte man, dass Einschlüsse nur Abdrücke der Objekte mit erhaltenen Farbpigmenten seien, aber mit heutigen Apparaten kann man Herz und Muskeln eines eingeschlossenen Tiers sehen, oder ein Insekt mit intakter Färbung vom Bernstein befreien.

Unter dem Elektronenmikroskop lassen sich die einzelnen Zellen unterscheiden und studieren. Mittels DNA-Analyse können sogar Erbeigenschaften untersucht werden.

Pflanzeneinschlüsse

Es wurden sowohl Pilze, Algen und Moose wie auch höhere Pflanzen in Form von Rinde, Ästchen, Nadeln, Blättern, Blüten, Früchten und Pollen gefunden.

Die häufigsten Succiniteinschlüsse bestehen aus winzigen "Sternenhaaren" von Eichenknospen, aber es gibt Spuren von 750 verschiedenen Arten, aus denen hervorgeht, dass der Pinus succinifera, die Bernsteinkiefer, neben Palmen, Zypressen, Drachenblutbäumen und Schachtelhalm in den subtropischen Wäldern Nordeuropas wuchs.

Insekteneinschlüsse

Insekteneinschlüsse zeigen alle Stadien der Entwicklung von Eiern, Larven und Puppen zu vollentwickelten Individuen, die vom aromatischen Duft des Harzes oder von Lichtreflexen angelockt wurden.

Fliegen, Mücken und Ameisen, die sich in den vergangenen 30-50 Mio. Jahren nicht wesentlich verändert haben, machen 80% der eingeschlossenen Insekten aus.

Zu den häufigsten Einschlüssen gehören Bienen (zum Teil mit gefüllten Pollensäcken), Wespen, Termiten, Kakkerlaken, verschiedene Käferarten, Zikaden, Blattläuse, Silberfischchen, Eintagsfliegen, Grashüpfer, Motten und Milben.

Zu den nicht ungewöhnlichen Einschlüssen zählen Flöhe, Läuse, Libellen, Schmetterlinge, Grillen und Raupen.

Seltener sind Spinnen (zum Teil mit Netz oder Puppe), Tausenfüssler, Skorpione, Kellerasseln, Schnecken (teils mit Haus), Würmer, Fadenwürmer und Zecken.

Diese Objekte können auch von Pilzkrankheiten oder Parasiten befallen sein. Ebenso wurden lebendige Szenen festgehalten von sich paarenden Insekten, Insekten, die im Begriff sind, in Spinnennetzen gefangenen zu werden, oder Ameisen, die einen Tausenfüssler schleppen sowie Parasiten beim Verlassen ihres Wirts.

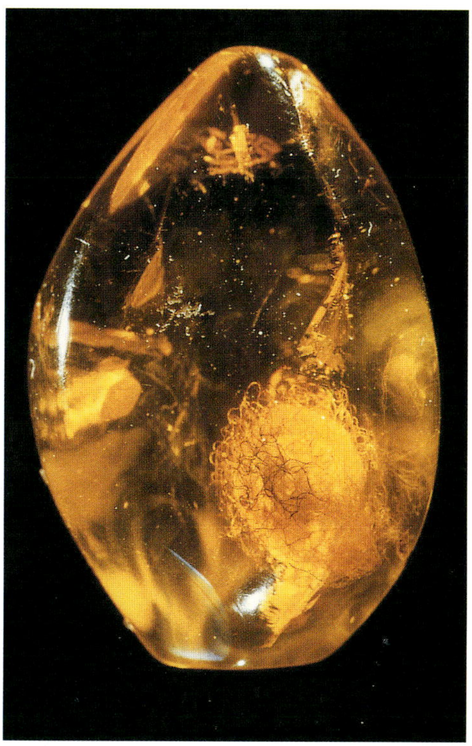

Abb. 9. Einschluss.
Vorzeitliche Blume in Bernstein, einfacher Aufbau. Gewicht: 1,6 g.

Abb. 10. Einschluss.
Blatt, stark behaart, in Bernstein. Gewicht: 12,7 g.

Abb. 11. Einschluss.
Kokongewebe einer Spinne mit Eiern in Bernstein. Selten. Gewicht: 3,1 g.

Tiereinschlüsse

Kleingetier wie Frösche und Salamander sind vollständig von Bernstein umschlossen worden, wie z.B. in einem Stück aus Mexiko, in dem ein kleiner Krebs gefangen wurde. Ausserdem wurden Vogelfedern und Daunen, Pelzhaare verschiedener Säugetiere und Haut von Schlangen und Salamandern gefunden. In Holzsplittern kann man Spuren von kleineren Nagetieren erkennen, und in einem Fall enthielt ein Bernsteinstück Futterreste und Zähne, die wahrscheinlich von einer Schweineart stammen.

Vor einigen Jahren erwarb das Bernsteinmuseum das einzige bekannte Stück baltischen Bernstein, in dem der Schwanz einer Maus oder eines anderen Nagetiers eingeschlossen ist. Der "Mäuseschwanz", wie wir dieses Stück tauften, wurde ausführlich in einem Artikel einer anerkannten Fachzeitschrift beschrieben. Doch die Autoren hatten sich geirrt. Der lebensechte, leicht behaarte und schuppige Mäuseschwanz erwies sich als ein besonders schönes Eksemplar einer Samenkapsel. Als das endgültige Ergebnis vorlag, machte sich Enttäuschung breit.

Unter dem Mikroskop kann man manchmal Bakterien oder Einzeller wie Amöben sehen, manche sogar im Stadium der Zellteilung. Mit dem blossen Auge sind Erdkrumen, Kies oder vulkanische Asche sowie Wasser und Luft auszumachen, die manchmal in Vereinigung mit Luftblasen wie bei einer Wasserwaage auftreten.

Spuren der Vorzeit sind nicht nur als Einschlüsse zu bewundern, sondern kommen auch als Abdrücke in Bernstein vor. Häufig sind Pflanzenteile wie etwa Ulmen- oder Palmenblätter oder sogar Fussspuren von kleineren Säugetieren zu sehen. Nicht ungewöhnlich sind auch Vertiefungen von Regentropfen.

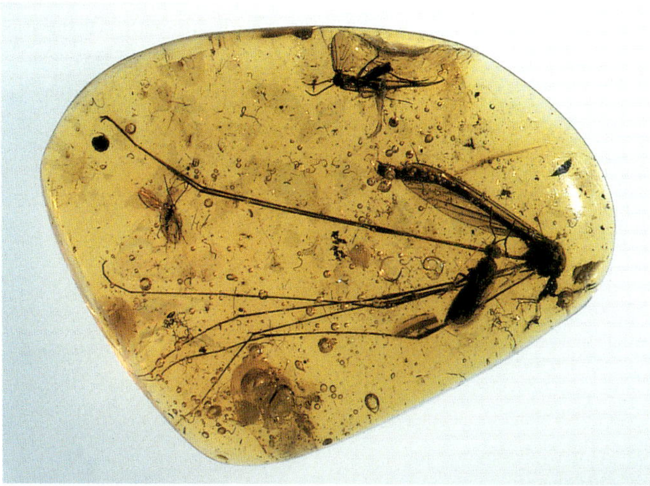

Abb. 12. Einschluss. Mücke (Cyttaromyia frelloi, weibl.) in Bernstein. Einzig bekanntes Exemplar seiner Art samt anderer Mücken. Gewicht: 1,8 g.

Cylindrotomidae:
Cyttaromyia frelloi
KRZEMINSKY, 1998
(Holotypus)

Abb. 13. Einschluss. Grashüpfer (Gryllidae) in Bernstein. Äusserst selten ausgewachsen, kommt jedoch oft als Larve vor. Gewicht: 2,9 g.

Abb. 14. Einschluss. Fliege (Rhagionidae) in Bernstein. Gewicht: 2,2 g.

BERNSTEINFORMEN UND -BILDUNG

In der Natur kommt Bernstein in vielen verschiedenen Formen vor, die je nach Bildung und Aussehen in Gruppen eingeteilt werden können.

Platten
- Aus harzgefüllten Ritzen des Baumstammes. Enthält nur wenige Einschlüsse.

Stäbe
- Am Stamm heruntergelaufen, oft durchsichtig.

Zapfen
- Freihängend, ansonsten wie Stäbe.

Tropfen
- Hängend, als Abschluss eines Zapfens.
- Laufend, als Abschluss eines Stabes.

Geschichteter Bernstein
- Gebildet durch zeitweilig ausfliessendes Harz.
- Zwischenraum zwischen einzelnen Tropfen.

Klumpen
- Gebildet durch heruntergefallene Tropfen.
- Gebildet durch ausfliessendes Harz.

Bernstein in Bernstein
- Bernstein, eingeschlossen in einer anderen Art Bernstein.

Unreinheiten
- Alle Arten von Einschlüssen.
- Libellen, mit Wasser gefüllte Luftkammern.
- Pyrit, Schwefelkies, der durch Risse in Bernstein eingedrungen ist.

Abdrücke
- Vom Baumstamm, an dem der Bernstein festhing.
- Von Pflanzenteilen oder anderen Objekten, die am Harz festhingen.
- Von Fussspuren oder anderen Objekten, die in das Harz gepresst wurden.

Überwachsen
- Ästchen oder Stroh, die vom Harz umschlossen wurden, hinterliessen Hohlräume im Bernstein.

Die Farbe von Bernstein

Bernstein kommt in allen möglichen gelb-braunen Farbnuancen von beinah farblos bis schwarz vor. Er kann klar, durchscheinend oder opak (unklar) sein. Wird Bernstein sauerstoffhaltiger Luft ausgesetzt, färbt sich seine Oberfläche rot oder rotbraun. Durch Abschleifen der verwitterten Oberfläche kommen fast immer helle Farben zutage. Unreinheiten lassen Bernstein dunkler werden. Schwarzer Bernstein ist dicht gefüllt mit Unreinheiten, die von Erde oder Pflanzenteilen herrühren.

Matter, undurchsichtiger Bernstein enthält in der Regel eine grosse Anzahl von Luftblasen. Völlig weisser Bernstein hat mit bis zu 900 000 per Kubikmillimeter die meisten Luftblasen, während ganz klarer Bernstein nur wenige und wesentlich grössere Luftblasen enthält.

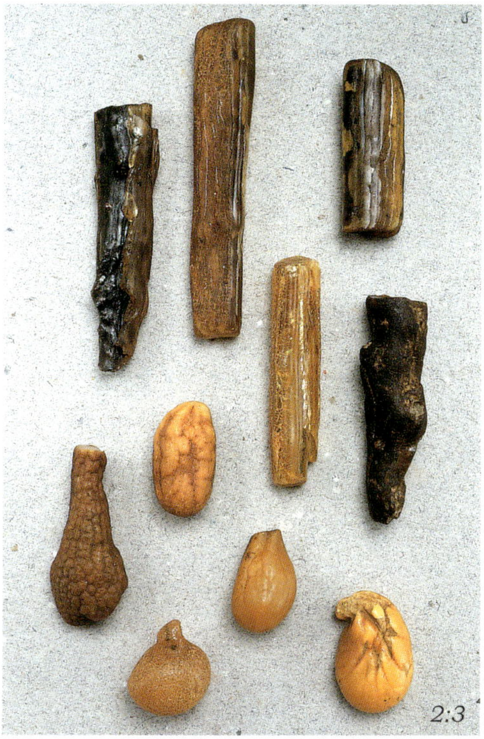

Abb. 15. Bernsteinformen.
1. *Aus freilaufendem Harz gebildete Zapfen oder Stäbe (oben)*
2. *Am Ende freihängender Zapfen gebildete Tropfen (unten)*

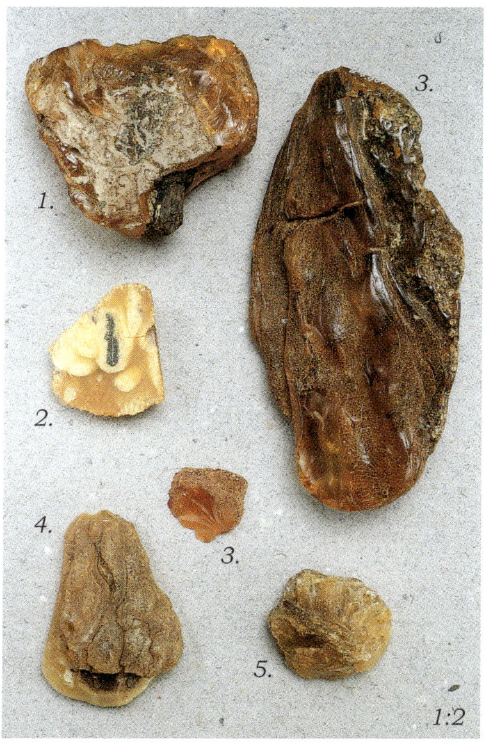

Abb. 16. Bernsteinformen.
1. *Bernstein mit Zweig*
2. *Bernstein mit Eisen- oder Schwefelkies (Pyrit)*
3. *Bernstein mit Abdruck*
4. *Bernstein, in aufeinanderliegenden Schichten*
5. *Unreiner Bernstein*

BERNSTEIN AUS DER DÄNISCHEN VORZEIT

Die Schönheit von Bernstein sowie seine Eigenschaften als leicht zu bearbeitendes Material haben zu allen Zeiten eine gewisse Faszination ausgeübt. Es ist nicht bekannt, wann der Mensch zum ersten Mal Bernstein gesammelt und bearbeitet hat. Der bisher älteste bekannte Fund aus Nordeuropa ist eine Bernsteinscheibe, in die der Kopf eines Wildpferdes geritzt ist. Sie stammt aus einer Rentierjägersiedlung in Meiendorf bei Hamburg und wird auf ca. 10 000 Jahre v.Chr., also das Ende der letzten Eiszeit, datiert.

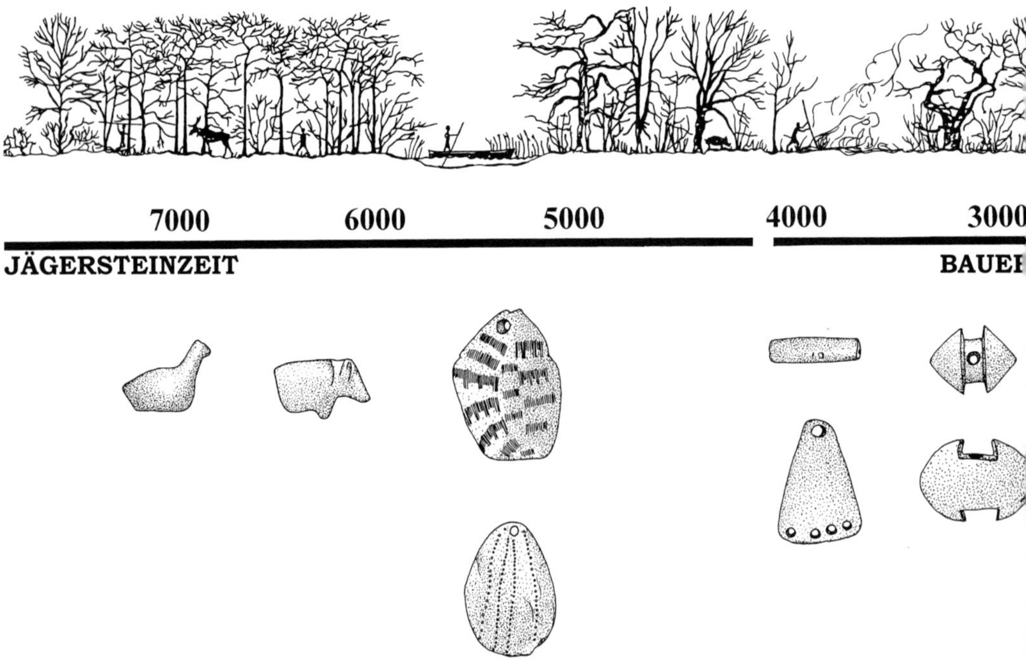

Abb. 17. Typische Gegenstände aus dem dänischen Altertum.

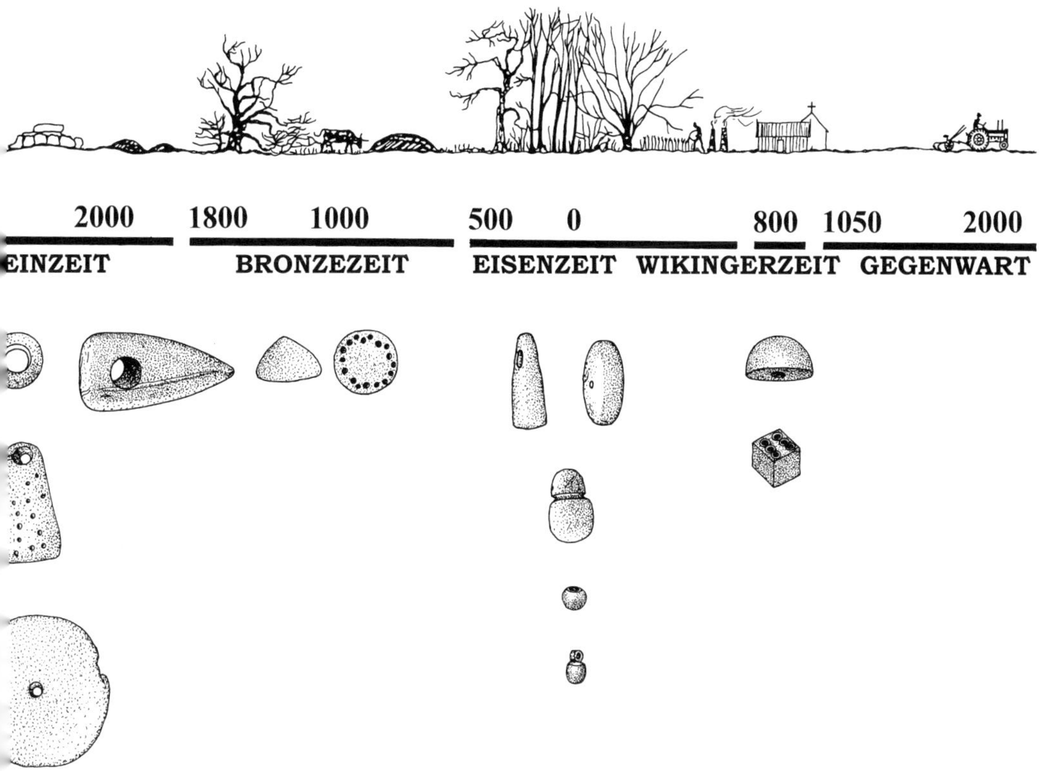
2000
1800
1000
500
0
800
1050
2000
EINZEIT
BRONZEZEIT
EISENZEIT
WIKINGERZEIT
GEGENWART

JÄGERSTEINZEIT

In der Jägersteinzeit, ca. 10 000 – 4 000 v.Chr., ernährten sich die Menschen ausschliesslich durch Sammeln, Jagd und Fischerei. Schon kurz nach Schmelzen des Eises waren die ersten Bewohner auf der Jagd nach Rentieren, die in grossen Herden nordwärts zogen, in diese Gegend gekommen.

Mit dem Klimawechsel während der folgenden Jahrtausende veränderte sich auch die Vegetation, und der Wechsel von Tundra zu Urwald brachte eine Änderung des Wildbestands mit sich. Die Rentierherden wurden von Standwild wie Elch, Rothirsch, Auerochse und Wildschwein abgelöst. Die Menschen passten sich diesen Veränderungen an, und trotz der harten Lebensbedingungen stellten sie auch künstlerische Produkte aus Holz, Knochen und Bernstein her.

Bernstein wurde hauptsächlich zu Anhängern oder kleinen Figuren verarbeitet, wie sie in Funden aus der sog. Maglemose-Kultur, ca. 8 800 – 6 800 v.Chr., vorkommen.

Tierfiguren

Aus Dänemark ist eine kleinere Zahl von naturalistischen Tierfiguren bekannt, von denen keine im Zusammenhang mit anderen Altertümern gefunden wurden. Ihr Alter lässt sich allein nach den eingeritzten Mustern im charakteristischen Stil der Jägervölker feststellen. Man geht daher davon aus, dass es sich bei den Tierdarstellungen um wilde Tiere handelt, da die Steinzeitjäger keine Haustiere hielten.

Möglicherweise sind diese Figuren Amulette, die als Teil des magischen Jagdkults dem Jäger Glück bei der Erlegung einer bestimmten Beute bringen sollten.

Abb. 18. Anhänger aus der Jägersteinzeit, ca. 9000-7000 v.Chr. mit Fransenornamenten (oben) und Punktornamenten (unten). Alle Funde von der dänischen Westküste. Anhänger wurden auch mit Mustern in V-Form, Dreiecken oder Rauten verziert, die manchmal in Würfeln oder Netzmustern angeordnet wurden. Einzelne Stücke zeigen eingeritzte Menschen- oder Tierfiguren.

BAUERNSTEINZEIT

In der jüngeren Steinzeit, ca. 4 000 – 1 800 v.Chr., hielten Ackerbau und Haustierhaltung Einzug. Die umherziehenden Jägervölker wurden abgelöst von sesshaften Bauern, die Jagd und Fischerei nur als Nebenerwerb ausübten. Bei diesem sog. Trichterbechervolk scheint der Ahnen- und Götterkult einen besonders wichtigen Stellenwert gehabt zu haben, und bei den kultischen Handlungen spielte Bernstein eine wichtige Rolle. Funde aus dieser Zeit sind wesentlich zahlreicher als aus den übrigen antiken Zeitaltern.

Chronologie der jüngeren Steinzeit

Die gut 2 000 Jahre der jüngeren Steinzeit werden je nach Entwicklung von Keramik und Grabtraditionen in Unterperioden unterteilt. Art und Anzahl der Bernsteinfunde verändern sich ebenfalls während dieser Zeit. Bei Funden aus der ersten Periode dominieren Opfergaben aus Feuchtgebieten, während spätere Funde hauptsächlich aus Grabstätten stammen. Die Form von Perlen variiert je nach Zeitpunkt, was ihre Datierung erleichtert. Zu Beginn der jüngeren Steinzeit stellte man vor allem rohrförmige Perlen her, wogegen später verschiedene Axt- und Keulenformen hinzukamen.

Grabbräuche

In der jüngeren Steinzeit veränderten sich die Grabbräuche ziemlich stark. Anfangs legte man Erdgräber an, entweder als einfache Eingrabungen auf einem flachen Feld, oder als mit Holz oder Stein ausgekleidete Kammern unter langgestreckten Erdhügeln. Später entstanden die ersten Hünengräber, gefolgt von Ganggräbern. In solchen grossen Steingräbern wurden oft mehrere Bestattungen vorgenommen, weshalb es schwierig ist, die einzelnen Gegenstände jeweils richtig zuzuordnen. Tongefässe, die vermutlich Lebensmittel enthielten, tauchen während der gesamten jüngeren Steinzeit als Grabbeigaben auf. Das gleiche gilt für Steinwerkzeuge und Perlen aus Tierzähnen oder Bernstein. Die Bernsteingegenstände stellen häufig Miniaturen von Streitäxten oder Steinkeulen dar.

In der folgenden Einzelgrabperiode begrub man, besonders in Ostdänemark, die Toten in den alten, grossen Steingräbern, während in Mittel- und Westjütland zahlreiche kleinere Hügel zur Einzelbestattung errichtet wurden. Als Grabbeigaben benutzte man Streitäxte, Tongefässe und Bernsteinperlen. Typisch für Männergräber der Einzelgrabkultur sind grosse Bernsteinscheiben und -ringe, wogegen Frauengräber bis zu mehrere hundert kleinere Bernsteinperlen enthalten konnten, die anscheinend von zusammengesetztem Perlenschmuck stammten.

Zum Ende der jüngeren Steinzeit, der sog. Dolchzeit, tauchen Steingräber mit kleinen Grabkammern aus

1:4

Abb. 19. Bernsteinfund aus der frühen Trichterbecherkultur, ca. 3 900-3 300 v.Chr. Opferfunde dieser Periode aus Seen oder Mooren repräsentieren buchstäblich alles – von Menschen und Tieren über Tongefässe zu Steinwerkzeugen. Die Grösse der Funde variiert von Perlen oder unverarbeiteten Klumpen bis zu mehreren tausend Bernsteinperlen. Der grösste dänische Bernsteinschatz enthält an die 13 000 Perlen und wiegt ungefähr vier Kilo. Er wurde bei Mollerup in Nordjütland gefunden, woher auch die meisten umfangreichen Bernsteinfunde aus dieser Periode kommen.

Abb. 20. Bernsteindepot oder Opferfund. Wahrscheinlich aus der Bauernsteinzeit, ca. 4 000 - 1 700 v.Chr. Erdfund aus Janderupholm, einer Halbinsel im Varde Å, südlich von Oksbøl. Der Fund besteht aus fast 2,5 Kilo unbearbeiteten, verschieden grossen Klumpen Bernstein.

flachen Steinen auf, die vornehmlich auf Seeland und in Nordjütland entstanden. In Westjütland werden die Toten in der Regel zuoberst in den Hügeln von Einzelgräbern bestattet.

Bernsteinscheiben

In Männergräbern aus der Einzelgrabkultur fanden sich häufig Scheiben aus Bernstein, oft paarweise in der Lendenregion - als Überbleibsel eines Gürtels - angebracht. Die ältesten und gleichzeitig grössten haben einen Durchmesser von 8-9 cm, eine gewölbte Ober- und eine flache Unterseite. Jüngere Funde dagegen sind kleiner mit gleichflachen Seiten.

In einem Grabhügel bei Øse, westlich von Varde, untersuchte das Museum 1971 ein Männergrab, das eine Bernsteinscheibe, einen Tonkrug mit Ornamenten sowie eine Streitaxt enthielt. Wie das in der Nähe gelegene Frauengrab auch, gehört dieses Grab zur Einzelgrabkultur, ca. 2 800-2 400 v. Chr. In dem Frauengrab fand man 22 Bernsteinperlen. Einige waren in einem schwach gekrümmten Bogen angeordnet - Reste einer Halskette - während andere ca. 30 cm davon in einem Kreis plaziert waren - Reste eines Armbands.

Abb. 21. Bohrer aus Feuerstein und Perlenreihe, späte Bauernsteinzeit, ca. 2 800 - 2 400 v.Chr.
Als man bei Nybro nördlich von Varde einen Einzelgrabhügel öffnete, fand man im centralen Grab 72 Bernsteinperlen und drei Bohrer aus Feuerstein. Einige der Perlen waren in einer Reihe angebracht, mit den Löchern so plaziert, dass sie ursprünglich auf einer Schnur aufgefädelt sein konnten. Die Bohrer lagen so dicht zusammen, dass sie möglicherweise eingepackt waren, als sie in das Grab gegeben wurden. Ihr Durchmesser entspricht ungefähr dem der Löcher in den Perlen. Daher kann vermutet werden, dass sie zur Perlenherstellung benutzt worden waren und der Tote ein Perlenmacher war, dem man seine Werkzeuge sowie eigene Erzeugnisse ins Grab gelegt hat.

BRONZEZEIT

Die Bronzezeit zwischen ca. 1 800 und 500 v.Chr. war ein blühendes Zeitalter. Bevölkerungszuwachs und steigende Landwirtschaftsproduktion brachten wohlhabende Häuptlingsgeschlechter hervor. Bernsteinfunde aus der Bronzezeit sind, verglichen mit der Steinzeit, eher selten. Dagegen sind die Mengen an Bronze und Gold, die importiert werden mussten, beeindruckend und zeugen von intensiven Kontakten zum Ausland.

Die Ursachen für die relativ wenigen dänischen Bernsteinfunde dieser Periode sind nicht mit Sicherheit bekannt. Im Laufe der Zeit hat es verschiedene Theorien gegeben, u.a., dass Bernstein exportiert und z.B. gegen Bronze und Gold vom Mittelmeer getauscht wurde und somit die Grundlage für den Wohlstand während der dänischen Bronzezeit war. Diese Annahme hat allerdings einen Haken: Die meisten Bronzefunde in Dänemark werden auf die Zeit zwischen 1 000-800 v.Chr. datiert, während in der Mittelmeerregion Bernstein erst um 700-600 v.Chr. auftauchte. Gäbe es einen Zusammenhang zwischen Bernsteinexport ans Mittelmeer und Bronze- und Goldimport vom Mittelmeer nach Norden, müssten diese in die gleiche Periode fallen.

Sehr wahrscheinlich war Bernstein Teil des Warenhandels mit den südlichen, metallproduzierenden Kulturen, kann jedoch kaum der wesentliche Faktor in Zusammenhang mit den umfangreichen Bronzeimporten gewesen sein.

Grabkult und Opferfunde

Die damalige Gesellschaft scheint eine Überflussgesellschaft gewesen zu sein, in der Totenpflege und andere Kulte betrieben wurden. Den Toten wurden kostbare Schmuckgegenstände mitgegeben, und in den Mooren opferte man Schmuck, Waffen und andere Kostbarkeiten.

Merkwürdigerweise scheint Bernstein bei den traditionellen Opferungen und Begräbnissen keine grosse Rolle gespielt zu haben.

Nur aus der Anfangsperiode der Bronzezeit gibt es einzelne Depot- oder Opferfunde aus Bernstein. Die grössten Funde stammen aus Understed in Nordjütland. Dort fand man drei Kilogramm unbearbeiteten Bernstein sowie zwei Bronzekragen. Die seltenen Bernsteinfunde in Gräbern bestehen meistens aus einzelnen Perlen oder kleineren Klumpen unbearbeiteten Bernsteins.

Trotz der eher wenigen, einfachen und selten spektakulären Grabfunde aus der Bronzezeit beweisen Bernsteinklumpen aus ehemaligen Siedlungen, dass Bernstein gesammelt wurde.

Örtliche Grabfunde

1976 fand man bei Ausgrabungen im Zusammenhang mit Anlagearbeiten ausserhalb Oksbøls einen leicht beschädigten Grabhügel mit mehreren Gräbern. Eine Urne aus der jüngeren Bronzezeit enthielt ausser verbrannten Knochen des Toten Reste eines bronzenen Rasiermessers sowie eine einfache Bernsteinperle - typische Beispiele für die spärlichen Bernsteinfunde aus dieser Zeit.

Urne mit Bernsteinausschmückung

Im Lusehøj, einem grossen Hügelgrab auf Westfünen, wurden einzigartige Funde aus der jüngeren Bronzezeit gemacht. Dieses Hügelgrab mit mehreren Gräbern barg u.a. eine Steinkiste mit einem Urnengrab. Die Urne mit den verbrannten Knochen des Toten bestand aus einem vornehmen Bronzekessel mit Bronzedeckel. Auf dem Deckel war eine dicke Lage Harz angebracht, in der mehrere Bernsteinklumpen und ein Bergkristall befestigt waren.

Für diesen Bernsteinfund im Grab eines reichen Mannes gibt es verschiedene Erklärungen. Eventuell wurde Bernstein in der Bronzezeit als magisches Material angesehen, und kleinere Bernsteinstücke, die sich in sowohl reichen wie ärmlicheren Gräbern fanden, stellen eine Art Amulett dar.

Oder der reiche Mann aus dem Lusehøj hatte ein besonderes Interesse an Bernstein. Er muss in der ausgehenden Bronzezeit gelebt haben, als Bernstein in grossen Mengen in den Mittelmeerländern auftauchte, und vielleicht hat er am Bernsteinhandel auf Südfünen teilgehabt.

Axtkult

Bei Hørdum in Nordjütland wurden fünf kleine Bernsteinäxte aus der Bronzezeit gefunden. Die Axt als Symbol für Kraft und Macht spielte eine wichtige Rolle in der Bronzekultur. Opferfunde aus dieser Zeit bestehen aus paarweise angeordneten, meistens relativ grossen, massiven und zwischen drei und fünf Kilo schweren Bronzeäxten. Einige sind sehr grosse Prachtäxte, die jedoch sehr leicht sind und aus einer dünnen Bronzeschale bestehen, die über einen Tonkern gegossen wurde. Solche Funde unterstreichen die Tatsache, dass grosse Äxte wie solche aus Bernstein weniger von praktischem, sondern vielmehr kultischem Wert waren.

Bernsteinhaus

In Sejstrup bei Ribe fand man in einem Grab aus der Bronzezeit ein Miniaturhaus aus Bernstein, eine goldene Spirale sowie Fragmente eines Bronzerings. Das Bernsteinhaus ist nur drei Zentimeter lang und 1,2 Zentimeter breit. Auf der Unterseite befindet sich ein Muster aus gebohrten Löchern, wie sie auch an einem anderen Bernsteinhaus von unbekannter Herkunft zu sehen sind.

Die Ähnlichkeit der Unterseite der Bernsteinhäuser mit den wirklichen Häusern der Bronzezeit ist bemerkenswert. Archäologische Ausgrabungen haben deutliche Pfahlspuren hervorgebracht, so dass davon ausgegangen werden kann, dass die Löcher in den Bernsteinhäusern der Anordnung der einzelnen Pfähle entsprechen sollen.

EISENZEIT

Epochemachend war in der Eisenzeit, ca. 500 v.Chr bis 800 n.Chr., die Einführung von Eisen als Material für Gerätschaften. Schnell lernte man die Kunst der Eisengewinnung und erhielt auf diese Weise billigere und bessere Geräte und Waffen. Die Gesellschaft der Eisenzeit entwickelte sich fortlaufend, da der Überschuss an Lebensmitteln eine wachsende Oberschicht und verschiedene Handwerke ernährte. Gleichzeitig blühte der Handel, was u.a. die Entwicklung eines Zahlungssystems und einer Schriftsprache notwendig machte.

Dänische Funde aus der frühen Eisenzeit enthalten nur selten Bernstein. Es ist nicht sicher, ob die Bevölkerung Bernsteinschmuck verwendete. Jedoch praktizierte man noch die traditionellen Leichenverbrennungen, bei denen Bernsteinketten naturgemäss den Flammen zum Opfer fielen.

Erst im 3. und 4. Jahrhundert n.Chr. erlebte Bernstein wieder eine Renaissance in Dänemark. Bernsteinperlen wurden in Frauengräber gegeben, wo sie, oft mit importierten Glasperlen, zu Hunderten an langen Ketten aufgefädelt wurden. Doch nicht nur Frauen schmückten sich mit Bernstein. Auch vornehme Krieger befestigten oft eine Perle aus Bergkristall, Glas oder Bernstein am Schaft ihrer Schwerter. Bernstein hatte anscheinend wieder an Bedeutung gewonnen.

Funde aus Eisenzeitsiedlungen

Ausgrabungen in Eisenzeitsiedlungen bei Hesselmed und Sølager in der Nähe von Oksbøl haben unbearbeiteten Bernstein und einzelne Stücke bearbeiteten Bernsteins zutage gebracht. Sie beweisen, dass dort systematisch Bernstein gesammelt und bearbeitet wurde. Beide Siedlungen stammen aus der Zeit um Christi Geburt.

Grabfunde

1988 öffnete das Museum for Varde By og Omegn eine Grabstätte mit 37 Gräbern bei Gødsvang zwischen Varde und Ølgod. Sie scheint lange benutzt worden zu sein, da man sowohl Gräber aus der Eisenzeit wie auch der Wikingerzeit entdeckte. In einigen der Eisenzeitgräber fanden sich Bernsteinperlen. Ein Grab aus dem 5. Jahrhundert enthielt 16 Bernsteinperlen, zwei Glasperlen, drei Kleidernadeln aus Bronze und ein kleines Eisenmesser.

Abb. 22. Grabgaben aus der römischen Eisenzeit, 3. Jhdt. n.Chr. Ein Grab bei Mejls, nördlich von Varde, enthielt die zerfallenen Reste eines langen, schmalen Sargs. Die Grabgaben bestanden aus einem Tonkrug, vier Trachtennadeln aus Bronze, einem Eisenkamm und einer Nähnadel aus Knochen sowie einer Perlenkette aus Bernstein- und Glasperlen. Aufgrund der Schmuckstücke und der Plazierung der Kette in der Halsregion, geht man davon aus, dass es sich um ein Frauengrab handelt.

Abb. 23. Spindelgewicht aus der späten Eisen- oder Wikingerzeit, ca. 700-900 n.Chr.

WIKINGERZEIT

Als Beginn der Wikingerzeit, ca. 800 bis 1 050 n.Chr., wird jener Zeitpunkt festgelegt, an dem schriftliche Quellen erstmals von Plünderungen durch Wikinger berichten. Diese Periode war jedoch nicht ausschliesslich durch Raubzüge und Kolonisation gekennzeichnet. Die Landwirtschaft wurde intensiviert, so dass eine wachsende Zahl von Nicht-Bauern ernährt werden konnte. Viele wurden professionelle Handwerker und Kaufmänner. Der Handel expandierte, die ersten dänischen Städte wurden gegründet und die immer stärker werdende königliche Gewalt setzte eine monumentale Bautätigkeit von bisher nicht gesehenem Umfang in Gang – Jellinghügel, die Trelleburg und Dannewerk sowie die Brückenanlage von Ravning zeugen davon. Schliesslich wurde das Christentum eingeführt.

Während Bernstein fast gänzlich aus dem archäologischen Material vom Ende der Eisenzeit verschwunden war, taucht er in Funden aus der Wikingerzeit wieder auf, teils als Perlenschmuck und Anhänger, teils als Kleinskulpturen, die in dieser Form nur in Funden aus der Jägersteinzeit vorkommen. Ausserdem stellte man Spielsteine, Würfel und Spindelgewichte aus Bernstein her. Bisher nicht gesehene Schmuckgegenstände, wie z.B. facettierte Bernsteinringe oder zeittypische Amulette, wie Äxte und Thorhammer, entstehen.

Die Werkstatt des Bernsteinschleifers

Bei Ausgrabungen auf den Siedlungsplätzen in Hedeby und Ribe hat man deutliche Spuren von Bernsteinwerkstätten in Form von rohem und bearbeitetem Bernstein gefunden, der hauptsächlich zur Herstellung von Perlen und Spielsteinen diente. Da es mehrere Werkstätten in einer Siedlung gab, muss die Nachfrage nach bearbeitetem Bernstein gross gewesen sein und mehrere Handwerker am gleichen Ort gearbeitet haben.

Abfälle aus diesen Werkstätten geben Auskunft über die Verarbeitung von Bernstein. Für Perlen wurden die Bernsteinstücke zuerst grob zugeschnitten und dann durchbohrt. Das Bohren der Löcher war der schwierigste Teil. Wenn dies gelang, bekam die Perle ihre endgültige Form und wurde schliesslich poliert.

Ein beträchtlicher Teil des Bernsteins von den Siedlungsplätzen in Ribe ist verbrannt. Es kann natürlich sein, dass durch ein Unglück grosse Mengen Bernstein im Feuer landeten, doch einige Stücke tragen Spuren von bearbeitetem, aufgewärmten oder sogar brennendem Bernstein, während andere aussehen, als ob das eine Ende mit Absicht angezündet worden war. Wahrscheinlich wurde Bernstein, der bei Anzünden einen angenehmen Duft entwickelt, wie in anderen Kulturen auch, als Weihrauch benutzt.

Abb. 24.
1. Thorshammer, Wikingerzeit, ca. 750-1 050
2. Miniatur eines Axtkopfs, Wikingerzeit, ca. 750-1 050
3. Würfel, Mittelalter, um 1 200
Aus dieser Periode sind weiterhin Amulette in Form von Menschenfiguren und Greiftieren bekannt.

BERNSTEIN IN DER ANTIKE

Die Völker der Kulturländer des Mittelmeers kannten und schätzten Bernstein. Für sie war dies ein besonderer Stoff mit unerklärlichen Eigenschaften, dessen Rätsel man mit Hilfe der Mythologie zu lösen suchte.

GRIECHENLAND

Tränen der Götter

Eine griechische Legende berichtet von Phaeton, einem Sohn des Sonnengottes Helios und der Klymene. Da er von Zweifeln geplagt wurde, ob Helios wirklich sein Vater sei, bat Phaeton seinen Vater, ihn einen Tag mit dem Sonnenwagen über den Himmel fahren zu lassen. Trotz aller Warnungen bestand der Sohn auf seinem Wunsch, und Helios gab voller Bedenken seine Zustimmung.

Der ungeübte Wagenlenker konnte die vorgespannten Sonnenpferde nicht zäumen. Sie gingen mit ihm durch. Dadurch kam die Sonne aus ihrer gewohnten Bahn. Zuerst schoss sie in solche Höhen, dass ihre Strahlen die Erde nicht mehr erreichten und Kälte und Eis verursachten. Dann kam der Wagen zu nahe an die Weltkugel, und alles wurde zerstört und verbrannte.

Um das Unglück aufzuhalten, schleuderte Zeus, der Herr des Olymps, seinen Blitz auf Phaeton, der tödlich verwundet in den Fluss Eridanos stürzte. Die Heliaden, die drei Töchter des Helios, trauerten verzweifelt über den Tod des Bruders. Sie verwandelten sich in Pappeln am Ufer des Eridanos und weinten in ihrem grenzenlosen Schmerz Tränen, welche, von der Sonne gehärtet, als goldene Bernsteintropfen in das Wasser fielen.

Der Mythos von den Tränen der Götter kommt in verschiedenen Versionen bei mehreren klassischen Autoren vor.

Die Griechen der Antike nannten Bernstein "Elektron", und schon früh erkannte man die besonderen Kräfte dieses Stoffes. Dies erklärt, warum das alte griechische Wort zur Bezeichnung für Elektrizität wurde. In Homers "Odysee" wird Bernstein an mehreren Stellen erwähnt und tritt hier u.a. in Verbindung mit einem phönizischen Kaufmann auf. Trotzdem scheinen die alten Griechen nie herausgefunden zu haben, woher das eigentümliche und kostbare Elektron stammt.

Bernsteinperlen in griechischen Gräbern

Schon um 1 600 v.Chr. war den Griechen Bernstein bekannt und kommt vor allem in den reichen Königsgräbern des Pelepones vor. Allein ein einziges der Schachtgräber auf Mykene enthielt ungefähr 1 300 Bernsteinperlen, die Teile kompliziert zusammengesetzter Schmuckstücke gewesen zu sein scheinen. Form und Verarbeitung der Perlen unterscheiden sich wesentlich von der damals vorherrschenden griechischen Schmucktradition.

Andererseits gibt es ungefähr gleichalte Parallelen zu just diesen griechischen Funden aus der frühen englischen Bronzezeit. Entsprechende Beispiele sind bekannt aus griechischen Importen nach England. Daraus folgt, dass es scheinbar eine Verbindung zwischen der sog. Wessex-Kultur und den griechischen Fundorten gegeben hat. Wie dem auch sei: Griechische Funde deuten darauf hin, dass Bernstein ein einer kleinen Elite vorbehaltenes, hochgeschätztes Luxusgut war.

Zu Recht wurde die Frage gestellt, ob diese frühen griechischen Bernsteinfunde wirklich aus Nordeuropa stammen und in diesem Zusammenhang auf geographisch näher gelegene Bernsteinvorkommen, z.B. auf Sizilien und im Libanon, hingewiesen. Naturwissenschafliche Analysen haben inzwischen bewiesen, dass der Bernstein aus den griechischen Königsgräbern baltischen Ursprungs ist!

ITALIEN

In der frühen Eisenzeit Südeuropas im 8. Jhdt. v.Chr. gingen eine ökonomische und eine kulturelle Blüte des Mittelmeerraums und der angrenzenden Teilen Zentraleuropas Hand in Hand. Griechische Kolonisatoren schlugen sich an Süditaliens Küsten nieder und gründeten eine Reihe von Städten. Gleichzeitig entstanden in Mittelitalien, vor allem in der Toskana, etruskische Stadtstaaten. Diese wohlhabenden Gesellschaften lebten vom Handel und schätzten Luxusgüter. Ihre kostspieligen Gewohnheiten verbreiteten sich bald im übrigen Italien und auf dem Nordbalkan. Zu den gesuchtesten Importwaren gehörte Bernstein, der in bedeutenden Mengen in den Gräbern dieser Periode vorkommt, grösstenteils in Form von Zierat wie Schmuck und Amuletten.

Diese Blütezeit dauerte ca. dreihundert Jahre, doch im Laufe des 5. Jhdts. v.Chr. wurde Bernstein im Mittelmeergebiet immer seltener, während gleichzeitig entsprechend weniger südliche Importwaren nördlich der Alpen gefunden wurden.

Man könnte meinen, dass der goldene Schmuckstein aus der Mode kam, doch wahrscheinlicher ist, dass die Verbindungen zu den fernen Bernsteingegenden im Norden schwächer wurden und schliesslich abbrachen.

... aus dem äussersten Europa

Neben archäologischen Funden zeugen auch Berichte mehrerer klassischer Autoren von Bernstein und seiner Polpularität. Obwohl die Aussagen über seinen Ursprung immer noch ziemlich unklar sind, scheint man im Vergleich zum Mythos von den Tränen der Götter erheblich weiter gekommen zu sein.

Im 5. Jhdt. v.Chr. notierte der griechische Geschichtenschreiber Herodot: "... über die westlichsten Gegenden Europas kann ich nichts Bestimmtes sagen. Ich glaube nämlich weder daran, dass es einen Fluss gibt, von den Barbaren Eridanos genannt, der in das nördliche Meer mündet, noch ist mir bekannt, dass es wirklich "Zinn-Inseln" gibt, von denen das Zinn zu uns kommt... Eines ist aber gewiss: Bernstein und Zinn kommen vom äussersten Europa." 100 Jahre später stellte ein anderer Grieche, Aristoteles, fest, dass Bernstein "versteinertes Pappelharz" sei.

Ungefähr aus der gleichen Zeit stammt die Überlieferung des griechischen Entdeckungsreisenden Pytheas aus Massalia (Marseille), der um ca. 325 v.Chr. die Westküste Europas in Richtung Norden entlangsegelte und u.a. nach England kam.

Aus seinen Berichten geht hervor, "dass in einer Bucht des Ozeans mit dem Namen Metuonis das germanische Volk der Guioner wohnt. Im Abstand von einer Tagesreise mit dem Schiff liegt die Insel Abalus, wo im Frühjahr Bernstein an Land gespült wird. Dies ist eine Absonderung aus verdichtetem (steif gewordenem) Meer. Die Einwohner benutzen es als Brennmaterial und verkaufen es an

Abb. 25. Ein Satz Bronzefibeln. Grabfund, vermutlich aus Etrurien, 9.-8. Jhdt. v.Chr. Die grosse Fibel ist mit eingeritztem Querband verziert, während die beiden kleineren runde Bernsteinintarsien aufweisen.

die in der Nähe wohnenden Teutonen.”

Diese vagen Aussagen sind im Laufe der Zeit verschieden ausgelegt worden. Einige meinen, die erwähnte Insel müsse Fanø gewesen sein, während andere auf Helgoland schliessen. Man wusste also zu diesem Zeitpunkt, dass Bernstein von den nordeuropäischen Küsten stammt, wo er in so überwältigenden Mengen eingesammelt wurde, dass die Eingeborenen ihn nicht nur weiterverkauften, sondern sich erlauben konnten, ihn als simples Brennmaterial zu verwenden.

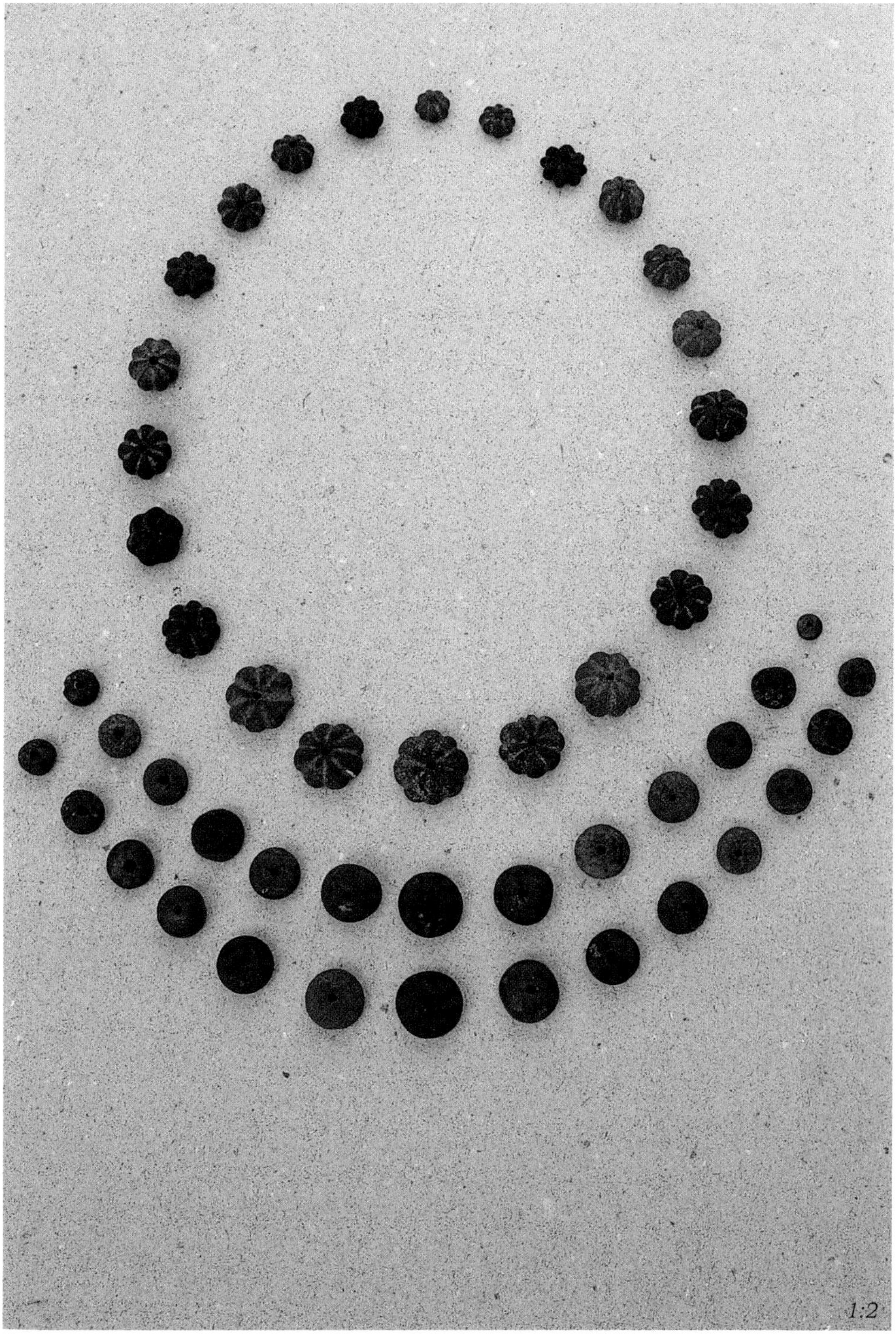

Abb. 26. Bernsteinperlen, glatt und geriffelt. Grabfund, vermutlich aus Armento in Italien, 6.-5- Jhdt. v.Chr.

RÖMERREICH

Im Jahrhundert vor Christi Geburt begann eine römische Expansion, die in wichtigen Eroberungen resultierte. Mit der Zeit wurde ein Grossteil Zentraleuropas der römischen Grossmacht unterstellt, die Grenzen wurden nordwärts erweitert, und ein Netzwerk von Handelsverbindungen entstand.

In den vorhergehenden Jahrhunderten hatte Bernstein eine besonders kleine Rolle gespielt, aber in der Grosszeit des römischen Kaiserreichs wuchs das Interesse an diesem schönen und eigentümlichen Material. Unter Kaiser Nero (54-68 n.Chr.) erreichte Bernstein eine bisher ungekannte Popularität, und in seinem Streben nach Bernstein sandte der Kaiser eine Expedition an die Küsten der Ostsee. Diese Expedition brachte mehrere hundert Pfund Bernstein zurück, die an einem einzigen Tag bei Gladiatorenkämpfen als Zierde in den Netzen zum Schutz der Zuschauer verbraucht wurden.

Die europäischen Flüsse waren wichtige Handelsadern, über die Bernstein und andere Waren von Noreuropa nach Italien gelangten.

Eine Region an der Adria, vor allem die Stadt Aquileia, wurde zum Zentrum des Bernsteinhandels. Hier entstand eine regelrechte Bernsteinindustrie, deren Produkte nicht nur im römischen Reich weite Verbreitung fanden.

Römische Bernsteinwerkstätten

Die in den römischen Bernsteinwerkstätten angewandte Techniken unterschieden sich wesentlich von den bisher gekannten. Im Gegensatz zu früheren Bernsteinhandwerkern arbeiteten die Römer mit deutlichen, tief geschliffenen Reliefs. Weiterhin wurden eine Drehbank und entsprechend weiterentwickelte Techniken in Gebrauch genommen.

Hauptächlich wurden Schmuck und andere Ziergegenstände hergestellt, zu denen grössere und besonders kostbare Dinge kamen: Skulpturen, Kosmetiktöpfe, Vasen, Messerschäfte und Rückverkleidungen von Handspiegeln.

Ein besonderes Phänomen sind die winzigen Bernsteinfiguren in Form von Tieren, Obst, Körperteilen u.ä., oft mit kurzen Inskriptionen. Es handelt sich wahrscheinlich um Amulette, denen Glück und Gesundheit bringende Eigenschaften nachgesagt wurden.

Gegen Ende des 2. Jhdts. n.Chr. nahmen die Bernsteinzufuhren nach Italien drastisch ab, und die vorher blühende Bernsteinindustrie in Aquileia ging, wie schon einmal vor sechshundert Jahren, unter. Im folgenden Jahrhundert wurden die Verbindungen vollends abgebrochen. Den vorliegenden Informationen nach zu schliessen, machten die beginnenden Völkerwanderungen die Handelswege unsicher.

3:1

Abb. 27. Römische Münze mit Portät des Kaisers Nero (54-68 n.Chr.)
Da Bernstein damals sehr populär war, sandte Nero eine Ekspedition an die Ostseeküste zur Bernsteinbeschaffung. Die gesamte Ausbeute, mehrere hundert Pfund, wurde an einem Tag bei Gladiator- und Tierkämpfen zur Verzierung der Netze verwendet, die zum Schutz des Publikums aufgehängt wurden.

... von den Inseln im nördlichen Meer

Im 1. Jhdt. n.Chr. schreibt Plinius d.Ä. in seiner "Naturalis Historiae" (Naturgeschichte), dass Bernsteinschmuck die gleiche Wertschätzung geniesse wie Edelsteine, und er fährt fort: "Es kann kein Zweifel darüber herrschen, dass Bernstein von den Inseln im nördlichen Meer stammt. Bernstein stammt aus dem Mark, das von Bäumen der Kiefernfamilie abgesondert wird. Anfangs ist er flüssig und schiesst in grossen Mengen hervor. Später wird er durch Wärme oder Kälte gehärtet, oder durch die Wellenbewegungen des Meeres, wenn die Gezeiten die Klumpen von den Küsten dieser Inseln wegführen.

Unsere Vorväter meinten ebenfalls, dass es sich um Saft von einem Baum handelt und gaben ihm aus diesem Grund den Namen Succinum. Einer der deutlichsten Beweise dafür, dass es sich um ein Produkt von einem Baum der Kiefernfamilie handelt, ist der Kiefernduft, der durch Reiben und beim Verbrennen von Bernstein entsteht.

Bernstein wird von den Germanen in Pannonien eingeführt, von wo die Veneter, ein Volk der Adriaküste, es weiter bekannt machen. Hiermit wird der Ursprung jener Geschichte erklärt, die Bernstein mit dem italienischen Fluss Po in Verbindung brachte. Noch heute tragen die Bauernfrauen in diesen Gegenden Halsketten aus Bernstein, zweifellos als Schmuck, aber auch wegen seiner gesundheitsfördernden Eigenschaften. Man nimmt allgemein an, dass Bernstein gegen entzündete Mandeln und andere Halsleiden wirksam sei.

Ein Beweis dafür, dass Bernstein ursprünglich flüssig gewesen sein muss, sind die Tiere, z.B. Ameisen, Mücken und Eidechsen, die am Harz hängenblieben und in dem später gehärteten Bernstein eingeschlossen wurden."

Was die verschiedenen Bernsteinarten angeht, kannte Plinius das weisse und wachsfarbene "Cerinum", das nur als Räucherwerk benutzt wurde. Zur Schmuckherstellung verwendete man in der Regel rötlichen Bernstein, "Fulvum". Von dieser Art waren vor allem die durchsichtigen Stücke gefragt. Am kostbarsten war jener Bernstein, der aufgrund seiner Farbe nach dem bekannten Wein "Falerner" benannt wurde.

Gelegentlich veredelte man Bernstein mit künstlicher Färbung. Dies geschah u.a. durch Kochen in Honig oder Ziegenfett. Über die Preise für Bernsteingegenstände berichtet Plinius schliesslich, dass eine kleine, geschnitzte Menschenfigur wertvoller als ein gesunder, ausgewachsener Sklave sein konnte.

In seinem Werk "Germania" von ca. 100 v.Chr. charakterisiert Tacitus die Nordbewohner, die an ihren Küsten Bernstein fanden, wie folgt: "... sie suchen auch im Meer, und als einzige sammeln sie Bernstein, den sie "Glaesum" nennen, im flachen Wasser und am Strand. Da sie ja Barbaren sind, haben sie weder seine natürliche Beschaffenheit noch seine Herkunft untersucht. Ja, lange Zeit lag Bernstein unbeachtet zwischen den Hinterlassenschaften des Meeres, bis man durch unsere (der Römer) Putzsucht auf Bernstein aufmerksam geworden war. Sie benutzen ihn nicht selbst, sondern verkaufen ihn unbearbeitet weiter und staunen über den erzielten Preis" - ein Zeugnis, das in scharfem Kontrast zu dem Fundmaterial aus der dänischen Antike steht.

FÜRSTEN UND BERNSTEIN

DER DEUTSCHE ORDEN

Bernstein wurde immer schon als kostbares Material betrachtet, und noch heute wird er gekauft, getauscht und gehandelt. Im Laufe des 13. und 14. Jahrhunderts glückte es dem Deutschen Orden, einem Ritterorden, der an dem letzten Kreuzzug nach Palästina teilnahm, die Oberherrschaft über alle Bernsteinvorkommen im südöstlichen Teil der Ostsee zu erlangen: Preussen, Polen und Baltikum. Hauptsitz des Ordens wurde Marienburg, nicht weit südöstlich von Danzig.

Die Kreuzritter

Diese Kreuzfahrer, in weissen Kappen mit schwarzem Kreuz, enstammten ursprünglich einer Hospitalbruderschaft, die 1190 von Bremischen und Lübecker Bürgern gegründet worden war. 1198 erkannte Papst Innozenz III. die Statuten an. Der Grundstein für die spätere Macht der Kreuzritter wurde von Grossmeister Hermann von Salza (1209-1239) gelegt, der die Vereinigung zu einer starken Organisation mit militärischer Struktur ausbaute.

1230 kommt die erste Abteilung von Rittern nach Preussen, und 1264 wird der Deutsche Orden erstmalig im Zusammenhang mit Bernstein erwähnt, als der samländische Bischof dem Orden die Gewinnungsrechte in der Gegend um Lohstedt, nördlich von Pillau, gewährte.

Indem er die politische Situation nutzte, vor allem den wiederkehrenden Streit zwischen Kaiser und Papst, gewann der Orden mit der Zeit juridische Macht über die Ostseeländer und damit Herrschaft über den Bernstein, die er bis zum Jahr 1525 halten konnte.

Bernsteinsammlung

1312 überliess der Deutsche Orden das Sammeln von Bernstein den Danzigfischern, die die Funde dem Orden auslieferten, und in der “Willkür für die drei Städte” - Altstadt, Kneiphof und Löbenicht, aus denen Königsberg bestand - von 1394 war allen Untertanen jeglicher Besitz von Bernstein verboten.

Die brandenburgischen Fürsten, die das Bernsteinmonopol vom Deutschen Orden übernahmen, erliessen 1581 die ersten Bernsteingesetze, die im 16. und 17. Jahrhunderts verschärft wurden. Die Inhaber des Bernsteinrechts stellten Strandmeister ein, die mit Hilfe von Strandrittern und -knechten die strengen Bestimmungen handhabten, deren Übertretung mit Todesstrafe geahndet wurde.

Seit 1794 war es verboten, ohne besondere Genehmigung den Strand zu betreten. Dieses Verbot betraf jedoch nicht die Strandbevölkerung, die zum Bernsteinsammeln verpflichtet war und anfangs mit Salz, später mit Geld entlohnt wurde.

Abb. 28. Kartenausschnitt mit Hinweisen auf Bernsteinvorkommen im Samland, Ostpreussen. Handkolorierte Radierung. Gasparo Henneberg Erlichensi. Amsterdam, ca. 1660.

Bernsteinmonopol

Aufgrund des Eigentumsverbots während der Herrschaft des Deutschen Ordens war Bernstein ausschliesslich Ausfuhrgut. In Tonnen wurde er nach Brügge geschafft, dem Umschlagplatz für Schiffe, die Kostbarkeiten aus dem Orient brachten und wo es flandersche Meterwaren gab (Tuch und Leinen). Auch in Lemberg, dem Zentrum für den Handel mit dem Nahen Orient, wurden grosse Mengen Bernstein umgeschlagen. Beide Städte waren wichtige Märkte für den Bernsteinhandel.

Bernsteinhandel

Als das Alleinrecht des Ritterordens gebrochen wurde, gelang 1533 Paul Kaski aus Danzig die Übernahme des Monopols. Dafür überliess er die kopfförmigen Stücke und den weissen Bernstein, der in der Medizin verwendet wurde, dem Kurfürsten. Kaskis Familie unterhielt direkte Handelsverbindungen zur Türkei, Persien und Indien. Die Einnahmen aus dem Bernsteinhandel betrugen 20 bis 30 Tausend Reichsmark.

Diese vorteilhafte Abmachung wurde erst 1642 aufgehoben. Kurfürst Friedrich Wilhelm von Brandenburg ("der grosse Kurfürst") musste jedoch 40 Tausend Reichsmark für die Wiedererlangung des Monopols bezahlen. Danach wurde Bernstein wiederum zum Staatseigentum - ein Hoheitsrecht. Dies behinderte jedoch weder die Handelsverbindungen der Stolper Bernsteindrechslerzunft 1791 mit Konstantinopel, Smyrna und Aleppo, noch den Handel der Königsberger Zunft mit der Türkei und Armenien.

Abb. 29. Bernsteinfischer unter Aufsicht von Strandrittern (4) und Strandknechten (5). Im Hintergrund Leuchtturm und Galgen. Holzschnitt. Johann A. Comenius, 1662.

BERNSTEINMEISTER

Die Bernsteindrechslerzunft

Da sie Rosenkränze herstellten, wurden die Bernsteindrechsler auch "Paternostermacher" genannt. Sie arbeiteten auch mit anderen Materialien wie Elfenbein, das oft zusammen mit Bernstein verarbeitet wurde. Rosenkränze wurden auch Paternosterbänder genannt.

Die erste Bernsteindrechslerzunft wurde 1302 in Brügge gegründet, was nicht verwundern kann, da grosse Mengen unbearbeiteter Bernstein in die Stadt transportiert und von dort in alle Welt verschickt wurden. 1420 gehörten der Zunft ca. 760 Meister und 300 Gesellen und Lehrlinge an. 1360 wurde die nächste Zunft in Lübeck gegründet.

Es wäre zu erwarten, dass die ersten Bernsteinzünfte dort entstanden, wo Bernstein gesammelt wurde. Dies war aber wegen des Verbots, Bernstein zu besitzen, unmöglich. Erst 1477, nachdem der Deutsche Orden 1466 einen Krieg gegen Polen verloren hatte, konnte in Danzig eine Bernsteindrechslerzunft gegründet werden. Darauf folgten Zünfte in Stolp (1480), Köslin (1550), Kolberg (1584), Elbing und schliesslich Königsberg (1641). Die baltischen Drechslerzünfte erlebten ihre Blütezeit während des 16. Jahrhunderts. Anfang des 17. Jahrhunderts liess die Nachfrage nach Bernstein allmählich nach. Die letzte Bernsteindrechslerzunft wurde 1883 in Stolp aufgelöst.

Botschaftergeschenke

Zwischen 1300 und 1400 wurden Bernsteingegenstände in verschiedenen Zusammenhängen erwähnt, sind heute jedoch anscheinend verschwunden, wie z.B. eine Figur von Johannes dem Täufer aus dem Jahre 1300 aus dem Besitz Karls V. aus Frankreich, eine Marienfigur mit Christuskind unter einem Thronhimmel von 1416 aus dem Besitz des Herzogs von Berry sowie ein Kruzifix von 1418 aus dem Louvre, ein kleiner Schrein von 1483 der Charlotte von Savoyen und ein Relief mit einem Veronikabild in vergoldetem Silberrahmen von 1498.

Bis zum Beginn des 16. Jahrhunderts wurden hauptsächlich Rosenkränze und religiöse Figuren aus Bernstein hergestellt. Im Zusammenhang mit der Reformation fiel der Markt, und die brandenburgischen Fürsten hatten es schwer, Bernstein abzusetzen. Diese Schwierigkeiten wurden durch die Gründung der Bernsteindrechslerzünfte in Danzig und Königsberg erleichtert, die Kunstgegenstände von höchster Qualität herstellten. Sie wurden als eine Art Marketingmassnahme als Botschaftergeschenke an andere Fürstentümer verschenkt.

Der dänische Hof erhielt ein solches Botschaftergeschenk bestehend aus 18 Tellern in Bernstein und Silber mit dem Stempel des Königsberger Meisters Andreas Kniffel. Sie sind im Kunstkammerverzeichnis von 1673 vermerkt.

Abb. 30. Seepferd, 17. Jhdt.
Aus der Kunstkammer eines dänischen Herrenhofs.

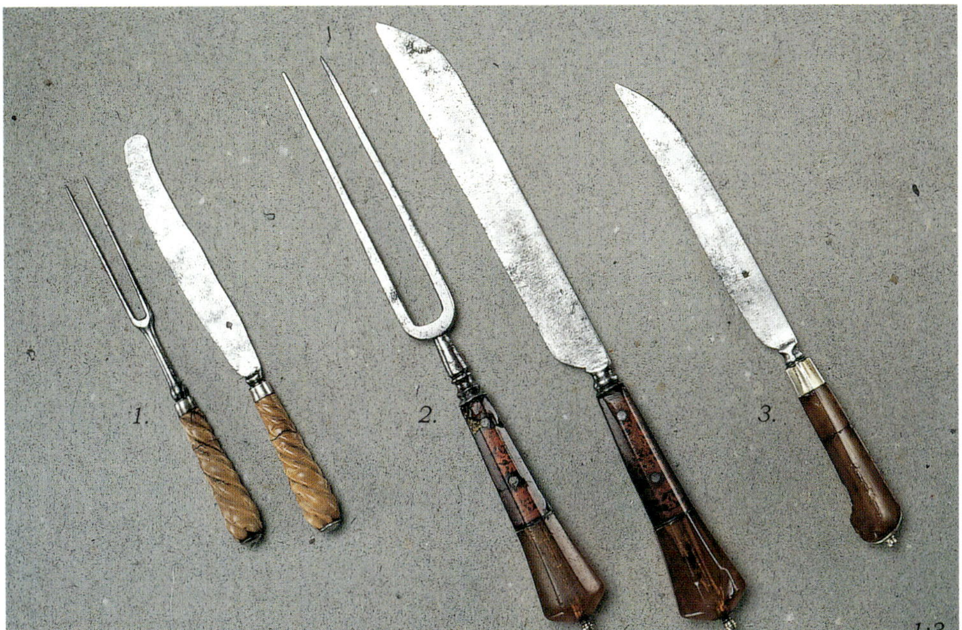

Abb. 31. Eisenbesteck mit Bernsteinschäften. 17. Jhdt.
Aus der Kunstkammer eines dänischen Herrenhofs.
1. Obstbesteck 2. Essbesteck 3. Messer

Rosenkränze

Anhänger der verschiedensten Religionen hatten ihre jeweils charakteristischen Rosenkränze:

- *Katholische Rosenkränze* bestanden aus 55 Perlen, von denen einige grösser waren, als der Rest. Diese wurden "Paternosterperlen" genannt (man betet ein Vaterunser). Die kleineren Perlen hiessen "Marienperlen" (man betet ein Ave Maria). Auch gab es kleinere Rosenkränze mit 33 und grössere mit 165 Perlen.
- *Moslemische Betkränze* bestehen aus 99 Perlen. Die hundertste Perle symbolisiert das Paradies.
- *Buddhistische Betkränze* bestehen aus 108 Perlen, eine Perle für jeden bei der Geburt Buddhas anwesenden Brahman.

Kunstkammern

Bernstein war ein natürliches Sammlerobjekt für die Kunstkammern, die im 16. Jahrhundert nach und nach an den Fürstenhöfen entstanden. Unbearbeiteter Bernstein, evtl. mit Einschlüssen, wurde im Naturalienkabinett untergebracht, während bearbeitete Gegenstände in der Artifizienkammer aufbewahrt wurden.

In der ersten Zeit nach der Reformation wurde Bernstein für Einlagearbeiten verwendet und war populär als Material für Messerschafte und Schachbretter. Die Fantasie der Kunsthandwerker des Barock kannte bei der Anwendung von Bernstein keine Grenzen, und Mitte des 17. Jahrhunderts wurden viele Gegenstände sogar aus massivem Bernstein hergestellt. Oft handelte es sich um religiöse Figuren wie Kruzifixe und Marienfiguren. Bernstein wurde aber auch in Platten ausgeschnitten und mit Handgravuren versehen, bevor er in Metall montiert wurde, wie etwa bei Schalen, Tassen und Henkelbechern. Gegen Ende des 17. Jahrhunderts kamen Flacons und vor allem Schreine hinzu, die als Bernsteinmosaiken auf einem Holzskelett montiert wurden. Diese Schreine hatten oft eine ansehnliche Grösse und waren mit einer Figurengruppe aus Bernstein auf dem Deckel verziert.

Um 1730 liess das Interesse an Bernstein allmählich nach, und die Produktion beschränkte sich auf Perlen, die nicht für Rosenkränze, sondern für Halsketten verwendet wurden.

Kunsthandwerker

Die oft imponierenden Arbeiten wurden von Meistern hergestellt, die nicht immer ausgebildete Fachkräfte waren. Das Hauptprodukt der gelernten Bernsteindrechsler waren dagegen in der Regel Perlen. Tüchtige Bernsteindreher gab es nie besonders viele, und die wenigen, die es gab, mussten sowohl die Arbeit an der Drehbank, das Figurenschneiden und das Gravieren beherrschen. Oftmals war ein Meister ein Kunstschnitzer und stellte Dosen her, oder ein Bildschnitzer, der mit plastischen Figuren arbeitet, oder aber ein Goldschmied, der Einfassungen für Schalen, Becher

Abb. 32a und b. Schnupftabakhorn, 18. Jhdt.
Sitzende, biertrinkende Figuren auf dem Pfropfen. Aus der Kunstkammer eines dänischen Herrenhofs.

oder Pokale herstellte. Als Elfenbeindrechsler mochte er auch Handgriffe für Spazierstöcke, Degen oder Besteck produzieren.

Solche Künstler oder Kunsthandwerker sind hauptsächlich aus Danzig und Königsberg bekannt. In Dokumenten der Drechslerzunft Stolp aus dem Jahr 1799 werden sogar Dosen, Nadelkästchen, Etuis und Pfeifenmundstücke als Danziger Arbeiten erwähnt.

Amateure

Doch 1786 war das Interesse an Bernstein noch recht gross, wie aus einer Beschreibung der königlichen Residenzstadt Berlin und Potsdam hervorgeht: "Das Zimmer mit bearbeitetem Bernstein ist geräumig und reichhaltig mit Bernstein ausgestattet. Z.B. ein Schafstall in Bernstein, ein Bauernhof mit Ochsen, Kühen u.a. Eine Uhr. Eine Christusfigur. Ein Altar. Viele Becher, Pokale und Platten, Hausgerät, Tiere u.ä. Ein Schiff mit Uhrwerk. Ein ebensolches Bergwerk. Ein Brunnen. Perseus, der mit Harfenspiel seine Feindin Medusa in Stein verwandelt. Paris, Venus einen Apfel reichend."

Hier muss es sich um ältere Meisterwerke handeln, ergänzt durch eine umfangreiche Nippessammlung, die eher den Charakter von Amateur- oder Bastelarbeit hat.

Abb. 33. Schrein. 1700-1750.
Bernsteinmosaik auf Holzkasten montiert. Dekoration in Eglomisé-Technik.

Abb. 34. Schreibwerkzeug, 18. Jhdt.
Tintenfass und Sandbehälter aus Bernstein. Aus der Kunstkammer eines dänischen Herrenhofs.

DER DÄNISCHE HOF

Das Botschaftergeschenk von 18 Tellern in Bernstein und Silber, das der dänische Hof erhielt, wird im Verzeichnis der Kunstkammer von 1673 zusammen mit anderen Bernsteinarbeiten aufgeführt. Diese Arbeiten, die sich noch immer auf Schloss Rosenborg befinden, entsprechen in der Qualität jenen Kunstgegenständen, die von anderen europäischen Höfen bekannt sind: Kruzifixe, Deckelkrüge und Schreine in verschiedenen Grössen sowie Spiegeleinfassungen, Vasen, Aufsätze, Pokale und Kerzenhalter für Kronleuchter. Einer der Kronleuchter ist vermutlich jener, den Frederik III 1653 als Geschenk vom Fürsten von Brandenburg in Berlin erhielt.

Gottfried Wolffram

Leonora Christine, Tochter Christian IV, soll während ihrer Festungszeit im Blauen Turm eine Reihe von Bernsteinarbeiten geschaffen haben. Auch andere Mitglieder der königlichen Familie versuchten sich im Bernsteindrehen. Im Laufe der Zeit gab es am dänischen Hof mehrere Angestellte, die mit Bernstein, Elfenbein und anderen Materialien arbeiteten.

Gottfried Wolffram, auch Gotfried Kunstdrechsler genannt, war lange Zeit am Hof in Kopenhagen angestellt. Unterbrochen wurde dieser Aufenthalt Anfang des 18. Jahrhunderts, als er einige Jahre in dem später so berühmten Bernsteinzimmer des Charlottenburger Schlosses bei Berlin arbeitete. Es finden sich keine signierten Arbeiten von seiner Hand, doch ist anzunehmen, dass er Schöpfer eines grossen Schreins mit geschnitzten Figuren an den Ecken, eines Spiegelrahmens in Inkrustationstechnik sowie einer Dose mit Orpheus und Tieren auf dem Deckel ist. Das Innere der Dose von ca. 1690 zeigt das Porträt von Charlotte Amalie, der Gemahlin Christian V.

Lorenz Spengler

Nach 1730 schwand das Interesse an Bernstein. Doch am dänischen Hof wurde die Produktion bis in die 1760er Jahre fortgesetzt. Die hier arbeitenden Künstler waren meistens jedoch Amateure. Diderich de Thurah, Seeoffizier und Leiter der Holmenwerft, schuf ein Skalamodell des Linienschiffes “Anna Sophia”, das er 1723 Frederik IV und Königin Sophie Magdalene schenkte. 1734 stellte de Thurah für die Königin ein Schreibset in Schildkrötenpanzer und Bernstein her und zeichnete eine Drehbank für sie. Auch Zollkontrolleur Niels Nielsen aus Aalborg schuf ein Bernsteinschiff für das Regentpaar.

Lorenz Natter kam aus Süddeutschland und war ein international bekannter Edelsteinschnitzer. Während seines Aufenthalts in Kopenhagen 1743 schnitzte er eine Büste von Christian VI. Sein Landsmann Marcus Tuscher war Hofmaler, befasste sich aber auch mit Zeichnungen für Bernsteinarbeiten, die von Lorenz Spengler, einem jüngeren Elfenbeindrechsler, ausgeführt wur-

Abb. 35. Schnupftabakdose, 18. Jhdt.
Bernstein, mit vergoldetem Silber montiert. Originaletui. Eingelegte gotische Schrift erzählt, dass der kleine Schrein Eigentum des Landgrafen Carl von Hessen (1744-1836) war.

den. U.a. kann ein Kronleuchter genannt werden, der 1746 entworfen und 1753 für Frederik V und Königin Louise fertiggestellt wurde, deren Namenszüge eingraviert sind. Ein ähnlicher Leuchter wurde dem Sultan von Marokko geschenkt zum Dank, dass er einen Piratenüberfall auf dänische Schiffe verhindert hatte. Tuschers und Spenglers Zusammenarbeit brachte auch zwei Schachspiele und einige Aufsätze hervor, zu denen eine Zeichnung noch vorhanden ist. Weiterhin existieren zwei Reliefs von Spengler, die Frederik V und Königin Juliana darstellen sowie zwei Aufsätze, die den Wahlspruch Frederiks V: "Stärke und Klugheit" illustrieren.

Lorenz Spengler, der seine Tage als gelehrter Konchyliensammler und Verwalter der Kunstkammer beschloss, scheint viele ältere Bernsteinarbeiten restauriert und vor dem Untergang bewahrt zu haben. Künstlerisch sind seine Arbeiten jedoch nicht weiter erwähnenswert.

Die Sammlung von Schloss Rosenborg enthält ausserdem eine ganze Reihe von kleineren Nippessachen aus der Rokokkozeit, wie Schnupftabakdosen und Flacons sowie Riechsalzbehälter oder Pfefferstreuer in Bernstein, die es auch als Silberarbeiten gab.

Königin Sophie Magdalene scheint die letzte Angehörige des Königshauses gewesen zu sein, die sich für Bernstein interessierte. Als sie 1772 starb, hinterliess sie eine umfangreiche Bernsteinsammlung. Keiner der Bernsteingegenstände der Kunstkammer kann einem späteren Datum zugeordnet werden.

Abb. 36. Riechwasserbehälter, 18. Jhdt.
Bernstein mit Silbermontierung.

DAS BERNSTEINZIMMER

In Charlottenburg

Die Inkrustationstechnik war eine der Voraussetzungen für grössere Paneelarbeiten in Bernstein. Bei dieser Technik wurde ein Holzgerüst mit hierfür angefertigten Bernsteinplatten bekleidet. Als eindrucksvollstes Beispiel gilt das berühmte Bernsteinzimmer.

In einem Empfehlungsschreiben vom 2. April 1701 schlägt der dänische König Frederik IV, Friedrich Wilhelm von Preussen vor, das Bernsteinzimmer im Charlottenburger Schloss bei Berlin von Gottfried Wollfram anfertigen zu lassen. Wolffram erhielt den Auftrag und arbeitete sieben Jahre an diesem Projekt, verliess Charlottenburg jedoch aufgrund von Unstimmigkeiten. Daraufhin wurde am 27. Januar 1707 die Arbeit Gottfried Turow und Ernst Schlacht übergeben, die Ende 1711 die Arbeiten fertigstellten.

Die Wandverkleidungen wurden nicht, wie geplant, als Rundumverzierung in Charlottenburg angebracht, sondern in einem Eckzimmer im dritten Stock des Berliner Schlosses. 1713 sah Peter der Grosse das Zimmer und war so begeistert, dass Friedrich Wilhelm I ihm die Wandverkleidungen schenkte.

1717 wurde alles in Kisten verpackt und auf dem Landweg nach St. Petersburg geschickt, wo das Bernsteinzimmer anfangs im Winterquartier Peter des Grossen und später im Winterpalast untergebracht wurde.

Versendung nach Russland

Die Lieferpapiere nennen folgende Teile des Bernsteinzimmers:

- zwei grosse Wandstücke mit zwei eingefassten Spiegeln;
- zwei ähnliche Stücke mit leerem Rahmen;
- vier ähnliche Wandstücke, etwas schmaler, alle mit geschwungenen Spiegeln für Wandleuchten;
- zwei breitere sowie zwei schmalere Flügelstücke.

Diese 12 Teile sind alle von gleicher Höhe.

- zehn separate, gleich hohe, aber verschieden breite Paneelstücke, komplett mit Bernstein belegt;

Ausserdem waren folgende, ebenfalls zu verwendende Stücke vorhanden:

- ein viereckiges, gänzlich belegtes Brett;
- ein fertiges Stück mit Palmenkrone, drei fertige Palmenkronen aus Holz, sieben kleine Köpfe;
- 14 fertige Tulpen, 12 fertige Rosen;
- drei Stücke mit Muscheln und Schnecken;
- zwei fertige Gesimse;
- zwei kleine Eckstücke;
- ein kleines, längliches Brett mit zwei Schrauben;
- vier kleine, geschwungene Bretter, teilweise belegt;
- weitere Teile für einen Flügel aus geschnittenem klarem Bernstein und sieben kleinere Teile.

*Abb. 37. Zsarskoje Sselo, Sommerpalast bei Skt. Petersburg, 1993.
Hier stand das Bernsteinzimmer zwischen 1755 und 1941.*

In Zsarskoje Sselo

Elisabeth Petrovna, Tochter Peter des Grossen, liess 1755 das Bernsteinzimmer nach Zsarskoje Sselo bringen, im 18. Jahrhundert Sommerresidenz der russischen Zarenfamilie. Ihr Hofarchitekt, Graf Carlo Rastrelli d.J. und der Bildhauer Alessandro Martelli nahmen sich der Einpassungsarbeiten an, die 1760 beendet, jedoch nicht ganz abgeschlossen wurden. 1763 arbeiteten die Königsberger Schnitzer Friedrich und Johann Roggenbuch, Klemens und Heinrich Wilhelm Friede sowie Johann Welpendorf daran.

Der Raum, in dem das Bernsteinzimmer eingerichtet wurde, hatte an der einen Seite drei bis zum Boden reichende Fenster. Die drei anderen Wände waren mit hellen, goldbemalten Flügeltüren im Rokokkostil versehen.

Hohe, vom obersten Fries bis zum Sockel reichende Spiegel in vergoldeten Bronzerahmen unterteilten die anderen drei Wände. In Höhe der Oberkanten der Türen waren Kerzenhalter in vergoldeter Bronze angebracht. Die freien Flächen wurden mit Bernsteinausschmückungen versehen. Die Decke bedeckte eine allegorische Malerei der Dekorationsmaler Giuseppe Valeriani aus Rom (gest. 1761) und Antonio Peresinotti aus Bologna (gest. 1778), beide seit 1742 in St. Petersburg beschäftigt.

Schon 1745 hatte Friedrich der Grosse Kaiserin Elisabeth einen Wandspiegelrahmen geschenkt, der Teil des Bernsteinzimmers in Zsarskoje Sselo wurde.

Über diese Wand ist folgende Notiz aufbewahrt:

Mitte oben:
- die russische Kaiserkrone, die nach alter römischer Tradition von zwei bewaffneten Männern gehalten wird.
- unter der Krone Reichsszepter und -schwert auf einem Paradekissen.

An den beiden oberen Ecken:
- Grotesken mit allerlei Meeresschnecken, Muscheln, Korallen, Obst und Laub.

In der Mitte der Seiten:
- Kriegsgöttin auf einer Weltkugel.
- Friedensgöttin auf einem Piedestal. Beide in römischen Stellungen.
- Darunter einige Kriegs- und Siegeszeichen, mit denen der letzte Frieden zwischen Russland und Finnland besiegelt wurde.

An den beiden unteren Ecken:
- Neptun, einen Delphin umarmend.
- Sirene im Ringkampf mit einem Delphin, die russische Seemacht darstellend.

In der Mitte unten:
- Allerlei Kriegsgegenstände und Trophäen, immer mit liegendem Sklaven, die russische Macht zu Lande andeutend.

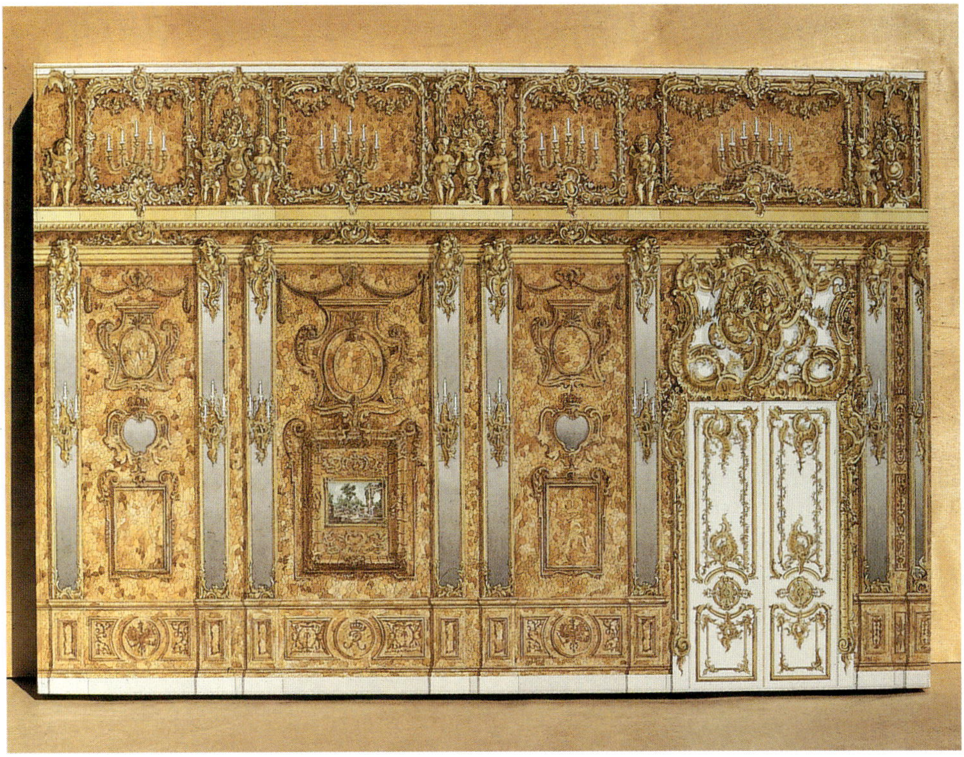

Abb. 38. Rekonstruktion des Bernsteinzimmers, ca. 1980.

In Königsberg

Nach der Aufstellung im Sommerpalast wurden bis 1941, als die Deutschen Leningrad angriffen, keine Änderungen am Bernsteinzimmer mehr vorgenommen.

Um das berühmte Zimmer zu verstecken, verkleidete man die Wände mit Tapete. Trotzdem fanden die Deutschen die darunterliegenden Bernsteinpaneele. Sie wurden abgenommen und zusammen mit den Ziergegenständen aus Bernstein in die Königsberger Burg gebracht, wo das Bernsteinzimmer bis zum Beginn der alliierten Bombardements Ostpreussens 1944 blieb.

Es ist bekannt, dass danach alle Teile in Kisten verpackt und abtransportiert wurden. Wohin die Sendung geschickt wurde, ist allerdings ungewiss. Seitdem ist das Bernsteinzimmer verschwunden.

Alfred Rohe, als Leiter des Kunstmuseums in Königsberg für das Bernsteinzimmer verantwortlich, verschwand bei Kriegsende 1945. Als er nach der russischen Besetzung wieder auftauchte, stritt er jede Kenntnis vom Schicksal des Bernsteinzimmers ab. Rohde und seine Frau starben im Dezember 1945 an Dysenterie.

Keine der verschiedenen Mutmassungen über den Verbleib des Bernsteinzimmers hat zum Fund der Bernsteinpaneele geführt.

1979 gab die Leitung des Sommerpalastes die Suche nach dem Bernsteinzimmer auf, und man begann mit der Nachbildung des Zimmers nach Fotographien, darunter auch ein Farbfoto. Die Arbeiten sollten 1990 beendet werden, aber noch heute, 1998, fehlen mehrere Teile. Die mit der Nachbildung des Bernsteinzimmers beschäftigten Künstler - The Amber Room Ltd. - müssen sich einen wesentlichen Teil ihres Unterhalts mit anderen Restaurationsaufgaben verdienen.

Abb. 39. Ein nachgearbeitetes Bernsteinpanel. 1995.
Konservatorwerkstatt in Zsarskoje Sselo, Sommerpalast bei Skt. Petersburg.

BERNSTEINMEISTER DER HERRENSITZE

Nicht nur am Hof in Kopenhagen interessierte sich die Herrschaft für Bernstein. Auch auf dem westjütischen Herrensitz Emdrupholm südlich von Varde beschäftigten sich mehrere Mitglieder der Stammhalterfamilie Teilman mit dem Drechseln von Bernstein. Die besten Arbeiten stammen aber von Jeppe Stavn, Maler, Diener, Hausfreund und Hofnarr des Gutes.

Jeppe Pedersen Stavn wurde 1747 in der Gegend um Lemvig geboren und lebte von 1789 bis zu seinem Tod im Jahre 1826 auf Emdrupholm. Hier entwickelte er seine vielfältigen künstlerischen Talente und stellte zahlreiche botanische Abbildungen her, schnitzte Handsiegel und arbeitete mit Eisen, Elfenbein und Bernstein. Darüber hinaus war er Büchsenmacher und beherrschte nahezu alle Instrumente.

Aus der gleichen Zeit, 1809, zählte der Nachlass von Dorte Margrethe Rosenberg vom Gut Hesselmed bei Oksbøl u.a.: drei Gabeln und ein Messer mit Bernsteinschaft, schätzungsweise 12 Schilling wert.

Auch die Verwertung von Bernstein unterlag wechselnden Moden, und die in Bernstein hergestellten Gegenstände glichen jenen, die in anderen Materialien wie etwa Elfenbein oder Silber produziert wurden. In gleicher Weise wurden zeitgemässe Dekorationen benutzt, bei denen die Gravurmotive, die durch den durchsichtigen Bernstein zu sehen sind, keine Ausnahme bildeten.

Eine Dekorationsvariante ist Eglomisé, bei der die Unterseite von durchsichtigem Bernsteins mit Blattgold oder einer anderen Folie belegt wird, in die dann Motive eingeritzt werden.

Die romantische Welle des 18. Jahrhunderts, während der das Herz zu einem vielbenutzten Symbol wurde, währte bis in das 19. Jahrhundert hinein, als dieser Stil zunehmend mit dem Interesse für das klassische Altertum kombiniert wurde. Das nachlassende Interesse der Fürstenhäuser und führenden Kreise an Bernstein ermöglichte nun auch wohlhabenden Bürgern den Besitz des begehrten Materials Bernstein. Alle erdenklichen Arten von Nippesgegenständen waren im 19. Jahrhundert hoch im Kurs. Für diese Art von Objekten eignete sich Bernstein hervorragend.

Abb. 40. Fischförmiger Riechwasserbehälter, 1831.
Bernstein mit vergoldetem Silber montiert. Zugehöriges Etui, Marke: A.W.K. 1831.

Abb. 41. Anhänger, Anfang 19. Jhdt.
Herz aus Bernstein mit Bernsteinintarsie und Gravur:
1. "Zur Erinnerung"
2. "Think of me" (Denk an mich)

BERNSTEIN FÜR BÜRGER UND BAUERN

BERNSTEINKETTEN

Gegen Ende des 18. Jahrhunderts wurden in einigen Teilen Deutschlands immer schwerere Ketten aus Bernstein zu Statussymbolen für gut gestellte Bauernfrauen. Bis Mitte des 20. Jahrhunderts wurden im Gebiet von Schaumburg-Lippe, nördlich der Weserquelle in der Mitte Deutschlands, zu besonderen Anlässen Bernsteinketten getragen. Noch heute werden in einigen Familien bei Hochzeiten Bernsteinketten angelegt.

Da das Alter von Bernsteinperlen nur schwer zu bestimmen ist, können sie möglicherweise auch bei anderen Gelegenheiten benutzt worden sein. Facettierte Perlen sind seit dem 15. Jahrhundert bekannt, doch solche Perlen scheinen ausschliesslich für Rosenkränze verwendet worden zu sein und nicht für Halsketten oder anderen Schmuck.

Halsketten sind erst seit dem 17. Jahrhundert bewahrt. Sie bestehen aus flachen, facettierten Perlen und waren, zusammen mit steifen, aufrechtstehenden Spitzenkragen, bei der Oberklasse populär.

Entsprechende kurze Ketten, oft mit einem Münzanhänger in der Mitte, wurden im 19. Jahrhundert von bessergestellten Bäuerinnen aus Schwalm, Hessen, benutzt. Die sogenannte Bückeburger Hochzeitskette (Festtagskette) dagegen konnte einfach über den Kopf gezogen werden.

Obwohl schwere Bernsteinketten nicht üblich gewesen sind, gibt es Parallelen zu anderen Arten von Bernsteinketten, die seit Mitte des 18. Jahrhunderts Teil der sich wandelnden Mode waren.

Abb. 42. Halskette, Ende 19. Jhdt.
Bernstein, facettgeschliffene Perlen mit Kassettenverschluss. Brautkette aus Lindhorst in Ost-Schaumburg unter dem Kinn zu schliessen.

ENDE DES 19. JAHRHUNDERTS

Der wachsende Wohlstand, an dem die meisten im 19. Jahrhundert teilhatten, spiegelte sich in der Wohnungseinrichtung aller Gesellschaftsklassen wieder. Sowohl kostbares Kunsthandwerk wie auch massenproduzierte Fabrikwaren wurden, je nach finanziellem Vermögen des Einzelnen, auf allen leeren Flächen des Heims angebracht.

Bernstein war als ein Material beliebt, aus dem sich sowohl phantasievolle Figuren von hohem künstlerischem Wert wie auch einfache Hobbyschnitzereien herstellen liessen. Stücke ab einer gewissen Grösse wurden als Ziergegenstand gezeigt, entweder im Rohzustand oder, wenn Einschlüsse vorhanden waren, mit einfacher Polierung.

Die Grösse des natürlich vorkommenden Bernsteins begrenzte die Dimensionen der Produkte, bis Ende des 19. Jahrhunderts mit der Erfindung von Pressbernstein grössere Gegenstände hergestellt werden konnten. Pressbernsteinprodukte waren billiger und wurden hauptsächlich industriell, meistens als gedrechselte Arbeiten, angefertigt.

Die vielfältigen Nippessachen des 19. Jahrhunderts wurden oft als Geschenke unter Freunden oder Liebespaaren getauscht. Es war naheliegend, den Mädchen Schmuck zu verehren. Am beliebtesten waren Ketten mit olivenförmigen oder facettierten Perlen oder Broschen in einer Metalleinfassung. Die Männer schätzten Bernsteinrohre, doch auch Anhänger für Uhrketten, die fast jeder Mann über der Weste trug, und andere Gegenstände waren begehrt.

Pfeifen

Während des 19. Jahrhunderts wurde die silberbeschlagene Pfeife überall in Europa zum Statussymbol des männlichen Teils der Bevölkerung. Die Bessergestellten probierten auch andere Materialien, und mit der Zeit gehörten Meerschaumpfeifen mit Bernsteinspitze zu den begehrtesten Pfeifen. Bernstein soll eine kühlende Wirkung auf den Rauch haben, was den Genuss erhöht.

Meerschaumpfeifen wurden in der gängigen Pfeifenform hergestellt. Da Meerschaum aber einfach zu verarbeiten ist, dauerte es nicht lange, bis die Pfeifenköpfe mit Dekorationen versehen wurden und sich gegen Ende des Jahrhunderts zu regelrechten Kunstwerken entwickelten. Besonders in Wien gab es viele Handwerker, die sich mit der Herstellung von kunstfertigen Pfeifen beschäftigten.

Der Bernstein für die Pfeifenspitzen kam vor allem aus Königsberg. In den Wiener Werkstätten bevorzugte man rumänischen Bernstein, Rumanit, der schöner und zur Pfeifenherstellung besser geeignet galt. Bevor sie nach Erwärmen in Façon gebracht wurden, wurden die krummen Spitzen gerade gedreht und durchbohrt. Seit der Jahrhundertwende bestanden die meisten Pfeifenspitzen aus Pressbernstein.

Gewöhnlich wurde Pressbernstein zusammen mit Meerschaum für

Abb. 43. Tasse mit Untertasse, Ende 19. Jhdt.
Geschnitzte Tasse und gedrehte Untertasse aus Bernstein. Aus dem Besitz der Grossfürstin Olga (1882-1960), Tochter des russischen Zaren Alexander und Zarin Dagmar, einer dänischen Prinzessin.

Bernsteinrohre, Zigarren- oder Zigarettenspitzen benutzt, die vor und nach der Jahrhundertwende von allen Gesellschaftsgruppen benutzt wurden.

Meerschaum ist ein weiches, poröses, tonähnliches Mineral, das aus wasserhaltigem Magnesiumsilikat besteht und amorphe, knollenartige Klumpen bildet. Wie Bernstein ist es einfach zu bearbeiten. Brüche haben den gleichen muschelartigen Charakter. Meerschaum kommt an mehreren Stellen der Welt vor, zur Pfeifenherstellung wird meist aus Eski-Sher in der Türkei stammendes Material verwendet.

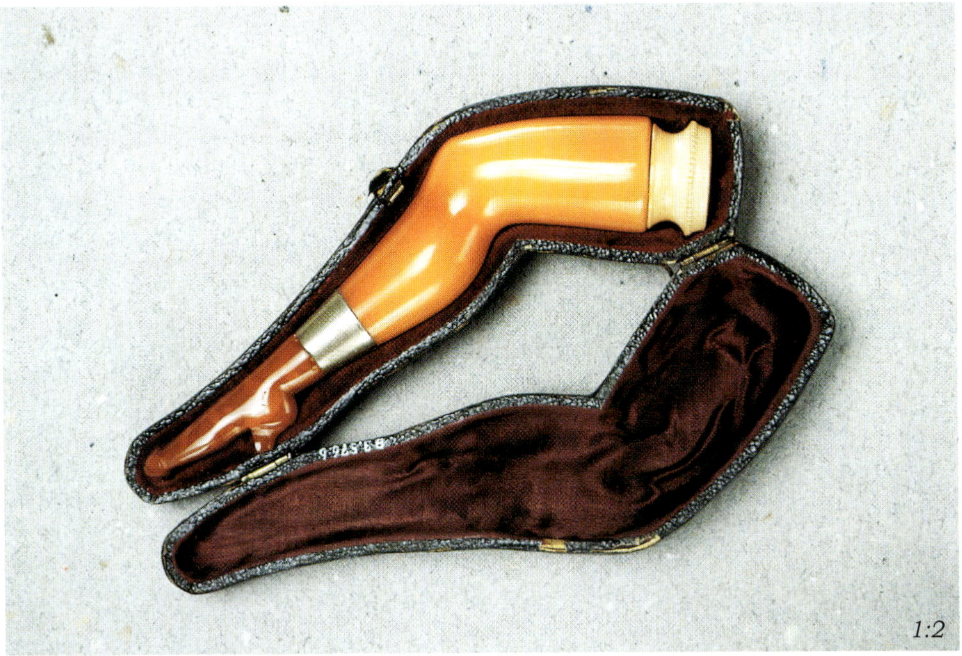

Abb. 44. Zigarrenrohr, 1876.
Kopf aus Meerschaum und Spitze aus Bernstein. Originaletui. Marke: Geschenk des Kapitän Hansen, Schanghai,1876.

Abb. 45. Pfeifen, Ende 19. Jhdt.
Köpfe aus Meerschaum, Spitzen aus Bernstein.

BERNSTEIN FÜR DAS VOLK

DAS PREUSSISCHE MONOPOL

Der deutsche Ritterorden führte im 14. Jahrhundert das Bernsteinrecht ein, und das Gebot, Bernsteinfunde abzuliefern, wurde erst Ende des Zweiten Weltkriegs aufgehoben. Bernstein von den Küsten Alt-, Vorder- und Hinterpommerns gehörte dem Staat, während in den "Binnenländern" Schleswig-Holstein, Mecklenburg und Neu-Vorpommern der Grundbesitzer das Bernsteinrecht hatte.

Zwischen 1811 und 1836 wurde die Bernsteingewinnung am Strand an ein Konsortium unter Leitung eines Kaufmann Douglas verpachtet. In den folgenden Jahren bis 1867 waren es Verpachtungsgesellschaften (oftmals ganze Fischerdörfer), die das Recht zur Bernsteingewinnung hielten, während Einzelpersonen wie Grundeigentümer von grösseren Höfen oder Gütern berechtigt waren, die "Meeresberge" auszunutzen.

Bernsteinfischerei

Durch Jahrhunderte hindurch hatten die Männer von der Küste aus gearbeitet, wo sie, in der Brandung stehend, mit Ketschern oder einer Art Fischernetz und Haken Bernstein fischten. Die Ausbeute wurde in Beuteln oder Körben gesammelt, die sie um den Bauch geschnallt hatten. Besonders während der Stürme im Frühling und Herbst wurden grosse Mengen Bernstein gesammelt. In solch schwerem Wetter waren die Bernsteinfischer in der Regel mit einer Leine an einem Pfahl an Land angebunden.

Die Frauen und Kinder suchten währenddessen den Strand nach Bernstein ab, oder sammelten die Stücke aus den Netzen, die die Männer an Land entleerten.

Auch Grundnetze wurden verwendet, und bei ruhigem Wetter konnte man Bernstein von Booten aus fischen, statt im kalten Wasser zu waten.

Pumpen und Tauchen

Als im Zusammenhang mit der Aushebung einer Fahrrinne bei der Kurischen Nehrung grosse Mengen Bernstein gefunden wurden, beantragte die Königsberger Firma Stantien & Becker die Förderrechte. Der Vertrag galt von 1862 bis 1893, bis die Bernsteingewinnung allmählich zurückging. Der Bernstein wurde mit Hilfe von Schwimmbaggern gesammelt, und zwischen 1869 und 1874 erhielten Stantien & Becker zusätzlich das Recht auf die Förderung von Bernstein durch Taucher. Schon 1725 hatte man bei der Suche nach Bernstein versuchsweise Taucher eingesetzt, eine Methode, die erst durch die Verwendung eines Tauchapparats rentabel wurde. In Gruppen wurden Taucher von kleineren Booten ausgesetzt. Anfangs war die Ausbeute gross, fiel jedoch bald, woraufhin die-

Abb. 46. Bernsteingewinnung an der Samländischen Küste. Christoph Hartnoch, 1684. Bernstein wurde sowohl in den Ablagerungen am Strand sowie an den Strandhängen gesucht.

se Art der Bernsteinförderung aufgegeben wurde.

Bernsteinminen

Seit Ende des 17. Jahrhunderts hatte man an den Hängen der samländischen Küste nach Bernstein gegraben, und im 18. Jahrhundert gab es einen Aufschwung der Bernsteinbrüche. Man grub von der Strandseite her Tunnel in die "Blaue Erde", eine Technik, an der die allgegenwärtige Firma Stantien & Becker ebenfalls interessiert war. In den Jahren 1870 bis 1876 erhielt sie das Recht zum Bernsteinabbau in einem offenen Bernsteinbruch bei Palmnicken, der seitdem ausgeweitet wurde. Anschliessend wurde 1875 ein regelrechtes Bergwerk angelegt, das bis 1896 betrieben wurde.

Abb. 47. Die bernsteinhaltige "blaue Erde" wird im offenen Tagebau abgebaut, 1960. Aus dem Katalog der Jantarnyi-Fabrik.

Abb. 48. Offener Bernsteintagebau der Jantarnyi-Fabrik, 1993.

BERNSTEINMANUFAKTUR – KÖNIGSBERG

Seit 1899 unterlag die Bernsteinförderung dem Staat Preussen. 1924 überliess er die Bernsteingewinnung der Preussischen Bergwerks- und Hütten-Aktiengesellschaft Preussag, die bis 1945 der grösste Bernsteinproduzent weltweit war.

Ungefähr 40% des gewonnenen Bernsteins endeten als Fertigware aus Natur- oder Pressbernstein bei der Preussag. Sie wurden in den Staatlichen Bernstein-Manufakturen in Königsberg oder Danzig verarbeitet. Beide Fabriken gehörten der Preussag, die Fabrik in Königsberg wurde als erste 1926 gegründet.

Das Sortiment war aufgeteilt in Rauchwaren, Schmuck und Gebrauchskunst, die für den Verkauf in Europa und den USA bestimmt waren. Traditionelle Produkte wie Bernsteinrohre und -mundstücke sowie Halsketten waren am meisten gefragt, und Neuerungen und zeitgemässes Design liessen auch Dosen, Uhren und Puderdosen populär werden. Das allgemeine Interesse an Bernstein nahm allerdings ab. Vielleicht verfiel man daher darauf, Bernstein als Komponente der vielen Medaillen anlässlich der Olympiade in Berlin zu verarbeiten.

Schmuckindustrie

Ende des 19. Jahrhunderts hatte die Firma Stantien & Becker, Königsberg, das Monopol in der Bernsteinindustrie wie auch auf dem Bernsteinmarkt, wobei Herstellung und Absatz von Schmuck im Vordergrund standen. Halsketten, die meistverkauften Artikel, bestanden zum grössten Teil aus rohen, in Schleiftrommeln abgerundeten Bernsteinperlen, handgeschliffenen und polierten Stücken oder facettierten Perlen. Weiterhin wurden Armbänder, Medaillons, Anhänger, Broschen, Ohrringe sowie Steine für Fingerringe, Manschettenknöpfe und Krawattennadeln hergestellt. An kunsthandwerklichen Gegenständen produzierte man Dosen, Serviettenringe, Petschaften und Uhrscheiben sowie Nippessachen (Blumen, Pilze, Tiere), Zierfenster, Lampenkuppeln und Schiffe. Nur die Fantasie setzte bei der Bernsteinverarbeitung Grenzen.

Abb. 49. Broschen, 1920-1940.
Königsberger Modelle.

Abb. 50. Schrein, 1930er Jahre.
Bernsteinmosaik auf Holzschatulle, mit Silber montiert. Stempel: Gekrönter Adler, Hammer und Sichel, SBM, Staatliche Bernstein-Manufaktur.

Abb. 51. Uhr, 1930er Jahre.
Bernsteinmosaik auf Holz. Plattengravur: Angefertigt in den Werkstätten der Staatlichen Bernstein-Manufaktur Königsberg Pr.

BERNSTEINFABRIK – JANTARNYI

Während des Zweiten Weltkriegs wurden die Bernsteinminen bei Palmnicken von den Deutschen mit Wasser geflutet, doch als Russland nach dem Krieg an die Macht kam, wurde der Bernsteinabbau wieder aufgenommen. Palmnicken, das heutige Jantarnyi in der Nähe Kaliningrads, wurde wieder zum weltweit führenden Bernsteinproduzent. Berechnungen zeigen, dass zwischen 1876 und 1935 16 168 Tonnen Bernstein abgebaut wurden, gegen 17 705 Tonnen in der kürzeren Periode von 1951 bis 1988.

Die russische Gesellschaft "Jantarnyi" setzte dort ein, wo die Deutschen aufgehört hatten, und die Produkte der Fabrik unterschieden sich nicht wesentlich von den vor dem Krieg im ehemaligen Ostpreussen hergestellten Waren.

Noch heute wird Bernstein, trotz technischer Verbesserungen, nach dem gleichen Prinzip im offenen Tagebau abgebaut. Nachdem der unbearbeitete Bernstein von der "Blauen Erde" getrennt ist, wird während des Transports eine maschinelle Grobsortierung nach Grösse vorgenommen. Die Sortierung nach Qualität kann jedoch nur in Handarbeit geschehen. Das Warenangebot richtet sich natürlich nach den herrschenden Moden und wird fast überall auf der Welt angeboten. Aus Rücksicht auf die verschiedenen Märkte werden einzelne Produkte jedoch variiert.

Abb. 52. Broschen, nach 1945.
Königsberger Modelle.

BERNSTEINGEWINNUNG

Polnischer Bernstein

Bernstein kommt fast überall in Polen vor, doch die grössten Funde werden im Landesinneren bei Kurpien und in der Danziger Bucht gemacht.

Seit Beginn des 19. Jahrhunderts wurde an der Narva bei Kurpien intensiver Bergbau betrieben. Die grösste Mine war in Staatsbesitz und bot in ihrer besten Zeit 3 000 Menschen Arbeit. Es war nicht unüblich, dass die Zivilbevölkerung auf ihrem eigenen Grund nach Bernstein grub, was oft grosse Schäden für die Landwirtschaft mit sich brachte.

Seit dem 18. Jahrhundert wurde in der Danziger Bucht nach Bernstein gegraben. Die Ausbeute war jedoch nie so gross wie bei Palmnicken. Heute sind die Bernsteinminen geschlossen. Stattdessen wird Bernstein an die Oberfläche gefördert, indem man Wasser in die bernsteinführenden Lagen bis zu 14 m unter der Erdoberfläche pumpt. Durch den Druck löst sich der Bernstein und wird mit anderem organischem Material an die Oberfläche gespült. Da diese Methode, die oft in Wäldern angewendet wird, dem Boden schadet und ein gesundes Baumwachstum verhindert, ist sie verboten. Trotzdem wird sie von Einzelnen noch angewendet.

Bernstein aus Bitterfeld

In Bitterfeld nördlich von Leipzig im östlichen Deutschland wurde bis Anfang der 1990er Jahre in mehreren Minen Bernstein abgebaut. Seitdem ist ein Grossteil dieses Gebiets in Naturschutz- und Erholungsgebiete umgewandelt worden. Bernstein, in Braunkohle gelagert, wurde in ca. 40 m Tiefe abgebaut, was gewöhnlich der untersten Schicht des Braunkohlelagers entsprach.

Nachdem der Bernstein von anderem Gestein getrennt war, wurden die besten Sorten in die Küstenstadt Ribnitz-Damgarten geschafft, wo die staatliche Fabrik VEB Ostseeschmuck Schmuckgegenstände herstellte.

Abb. 53a, b und c. Bernsteinspülung in Polen. Wislinka, südlich von Danzig, 2000. Heute wird die Erde von der zu bearbeitenden Fläche abgetragen. Nachdem man sie systematisch nach Bernstein abgesucht hat, wird der Mutterboden wieder aufgeschüttet.

VOLKSGLAUBEN

Schutz

Wie vielen Edelsteinen auch, werden Bernstein beschützende, heilende oder magische Eigenschaften nachgesagt. Einige glaubten, dass Frauen mit dem Namen Ann oder Anne gegen Krankheit und böse Mächte geschützt waren, wenn sie Bernsteinschmuck trugen. Jeder, der als Taufgeschenk oder sogar schon bei der Geburt Bernsteinschmuck bekam, um sicherzugehen, dass das Kind nicht vertauscht wurde, war gefeit.

Bis in unsere Zeit hinein haben Eltern in Dänemark und den übrigen Ostseeländern ihren Kindern Halsbänder oder anderen Schmuck aus Bernstein als Schutz gegen Rachitis sowie Hals- und Herzkrankheiten geschenkt. Die Halsbänder durften nicht abgenommen werden - in besonderen Fällen nicht einmal nachts - bevor das Kind konfirmiert war. Eine andere Möglichkeit, Kinder gegen Krankheit und Bosheit zu schützen, war das Einnähen von Bernstein in die Unterwäsche.

Bernstein konnte auch Schmerzen lindern. In Westjütland bekamen die kleinen Kinder, wenn die ersten Zähne kamen, ein Samtband mit eingenähten Bernsteinstücken, die in Essig getaucht wurden. Auch Erwachsene benutzten Bernstein bei Zahnschmerzen. Im Samland wurde der Bernstein erwärmt, bevor man ihn an den schmerzenden Zahn hielt.

Magie

Die magische Seite ist vielleicht die interessanteste. Magier benutzten Zauberspiegel aus Bernstein, um in die - in goldenes Licht getauchte - Zukunft zu sehen. Auf ähnliche Weise wurden Bernsteinamulette angewendet, die nicht nur Jagdglück im allgemeinen bringen, sondern auch Schürzenjäger stärken sollten. Im Gegensatz dazu konnte ein Römer das Geständnis seiner treulosen Frau erzwingen, indem er ihr ein Stück Bernstein auf die Brust legte.

Zu den eher praktischen Anwendungen gehörte der Gebrauch einer Spindel aus Bernstein am Spinnrad, die Hexen daran hindern sollte, Knoten in den Faden zu machen.

Wesentlich wichtiger war Bernstein für Seeleute, da ein Bernsteinamulett um den Hals oder in der Tasche das Risiko zu ertrinken minderte. Bernstein an Bord zu haben, scheint nicht immer ausreichend gewesen zu sein: im Wrack des schwedischen Kriegsschiffs "Wasa", das auf seiner Jungfernfahrt im Hafen von Stockholm unterging, fand man in der Kapitänskajüte ein Stück Bernstein.

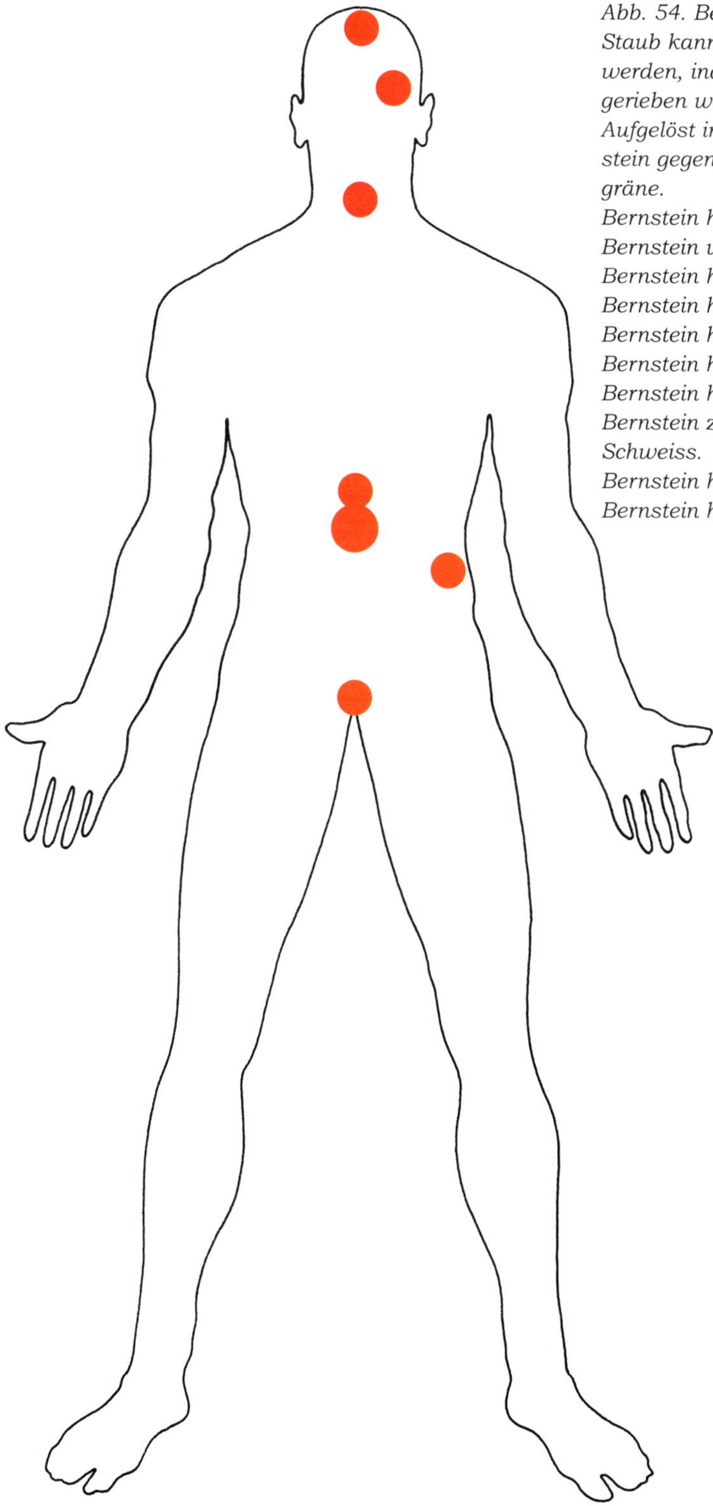

Abb. 54. Bernstein wirkt und heilt.
Staub kann aus den Augen entfernt werden, indem sie mit Bernstein eingerieben werden.
Aufgelöst in Branntwein wirkt Bernstein gegen Venenverkalkung und Migräne.
Bernstein hilft gegen Halsschmerzen.
Bernstein wirkt gegen Kropfbildung.
Bernstein hilft bei Bauchschmerzen.
Bernstein hilft bei Nierensteinen.
Bernstein hilft bei Impotenz.
Bernstein hilft Frauen im Wochenbett.
Bernstein hilft bei Blutungen.
Bernstein zieht Feuchtigkeit und Schweiss.
Bernstein hilft gegen Malaria.
Bernstein hilft gegen Gicht.

MEDIZIN

Heilmittel

Bis zur Mitte des 20. Jahrhunderts konnte man Bernstein in der Apotheke kaufen. Auch heute noch sind Bernsteinsäure oder Bernsteinöl in zahlreichen Arzneien enthalten, z.B. in Mitteln gegen Gicht und Epilepsie. Bernsteinsäure kommt natürlich in einigen Pilzarten und Beeren vor, wird heute jedoch synthetisch hergestellt.

Einige moderne Mediziner sind der Auffassung, dass Bernstein aufgrund seiner Porosität und der Millionen von winzigen eingeschlossenen Luftblasen die sauerstoffhaltigen Absonderungen und Gifte der Haut absorbiert. Weissem Bernstein, der die meisten Luftblasen und den grössten Gehalt an Bernsteinsäure aufweist (8%), wird die grösste Wirkung zugeschrieben.

Ein sehr teures Mittel, das früher gegen Herzbeschwerden verschrieben wurde, bestand aus weissem Bernstein, roter Koralle, Krappeaugen, Hirschhorn, Perlen und schwarzen Krabbenscheren.

Ärzte benutzten Bernsteinräuchermittel zum Schutz gegen Pest und Cholera. Auch in alten Rezeptbüchern findet sich Bernstein als Bestandteil von zahlreichen Mitteln.

"Physica, Patrologia Latina" der Heiligen Hildegard von Bingen (1098-1178):

- In Bier, Wein oder Wasser eine Stunde gelagerter Bernstein
  - 14 Tage lang einzunehmen gegen Magen- und innere Schmerzen, in Schlucken nach jeder Mahlzeit.
- In Kuh- oder Schafsmilch, nicht Ziegenmilch, einen Tag gelagerter Bernstein
  - bei Problemen beim Wasserlassen, fünf Tage lang getrunken, bis zum Kochen erhitzt.
- Bernsteinpulver in einer Menge von einem Denar (3,5 g) mit Wein
  - als Medikament gegen die Pest, den schwarzen Tod.

W. Salmon, "Family Dictionary", 1696:

- Bernsteinpulver in der Menge von einer halben Drachme (2,3 g) in einer Viertelpint Weisswein (ca. 0,142 l)
  - gegen Epilepsie sieben bis acht Tage einmal täglich.
- Rauch von einer Priese Bernstein gemischt mit Colsestool über glühender Holzkohle verdampft
  - gegen Epilepsie, wenn nach der Weinkur weitere Behandlung notwendig wird
- Benzoe, dessen Hauptbestandteil weisser Bernstein war, wurde in Gascionpulver gemischt
  - besonders gegen Herzkrankheiten, aber auch als herzstärkendes Mittel.

Abb. 55. Medizinisches Harz.
Aus einer ehemaligen Apotheke.
1. Resina benzoe
2. Resina Guajaci
3. Resina sandaraca
4. Gummi resina galbanum
5. Gummi resina olibanum

J. Freyer, 1833:

- Ätherische Bernsteintinktur: Zwei - Unzen schwefelätherischer Spiritus, kalt geätzt:
  - 10-20 Tropfen gegen Hautkrämpfe und neurotische Leiden.
- Bernstein mit sechs Teilen destilliertem Wasser:
  - 5-15 Tropfen auf Zucker oder in ätherischer Flüssigkeit heilt das Nervensystem, hat Einfluss auf die Blutzirkulation, lindert Haut- und Lungenkrämpfe und wirkt gegen Bandwürmer, Epilepsie, Halsstarre sowie Beulen in Lungen und Nieren.
  - 5-15 Tropfen auf Zucker zur äusseren Behandlung von Gicht.
- Künstlicher Moschus, sog. Moschus artificalis, mit einem Teil Bernsteinöl und vier Teilen Salpetersäure in Spiritus aufgelöst:
  - hilft gegen neurotische Leiden, der ärmeren Bevölkerung verschrieben.
- Bernsteinsäure in Wasser aufgelöst und wieder destilliert:
  - gegen Hautkrämpfe, Apoplexie und Lähmungen sowie bei Blindheit.
- Bernsteinsäure in Wasser aufgelöst und wieder destilliert zusammen mit Magnesia (Magnesiumdioxyd) oder Baldrianpulver (Valeriana):
  - wirkt gegen neurotische Leiden und Übelkeit.
- Bernsteinsäure in Wasser aufgelöst und wieder destilliert mit dampferwärmter Kamille:
  - gegen Beulen auf der Zunge und Spuckeabsonderung.
- Bernsteinsäure in Wasser aufgelöst und wieder destilliert mit Moschus:
  - 1-5 Gran bei Wundstarrkrampf.
- Liquor amonii siccinici, alleine oder als Bestandteil einer Mischung mit Cozoar dicus bussi und Liquor artiartoitious elleri:
  - 20-60 Tropfen bei Lungenkrämpfen, falscher Erkältung, Lungenentzündung und neurotischem Fieber.

Williamson, 1932:

- Bernsteinsirup, bekannt aus China als Bernsteinsäure mit Opium:
  - beruhigendes, krampflösendes Mittel
- Flüssige Säure und Bernsteinsalz, in Ägypten angewendet:
  - wirkt herzstärkend, antiseptisches Mittel, wassertreibend
- Bernsteinöl:
  - bei Gicht zur äusserlichen und inneren Anwendung, hilft gegen Keuchhusten, Asthma und als Stimulanz.
- Succinierter Sulfurbalsam als Tropfen und Tabletten:
  - gegen Lungenkrankheiten
- Eau de lice, aus einigen Tropfen Bernsteinöl mit Ätzammoniak; wird geschüttelt, bis die Flüssigkeit milchfarben wird:
  - stark stimulierendes Mittel gegen Bewusstlosigkeit und zur Rekonvaleszenz.

APPARATUREN MIT BERNSTEIN

Frühere Industrien benutzten Bernstein als simples Messinstrument. Bei der Alaunbehandlung oder in Färbereien des 17. Jahrhundert wurde Bernstein zum Messen des Salzgehalts von Lösungen zum Auswaschen der Häute benutzt. Schwamm der Bernstein an der Oberfläche, hatte die Salzlösung die gewünschte Stärke.

Seitdem hat Bernstein aufgrund seiner geringen Leitfähigkeit und relativ starken Widerstandsfähigkeit gegenüber Wärme in verschiedenen wissenschaftlichen Aparaturen Anwendung gefunden. Sein Einsatz nahm zu, als man gegen Ende des 19. Jahrhunderts mit der Entwicklung von Pressbernstein ein Material fand, das stärker als natürlicher Bernstein war und in die gewünschte Form gebracht werden konnte.

Während einer Reihe von Jahren wurde Pressbernstein auch als Komponente für elektrische Massenprodukte verwendet, teilweise auch in Verbindung mit anderen Stoffen wie Asbest zur Herstellung von Ambroin. Pressbernstein wurde mit Hinblick auf Wärmeentwicklung und elektrische Spannung in verschiedenen Qualitäten produziert.

Optik

Zu Linsen geschliffener, klarer Bernstein kann als Monokel, Brille oder Vergrösserungsglas benutzt werden. Die von einigen aufgestellte Behauptung, der römische Kaiser Nero hätte ein Stück Bernstein als Monokel benutzt, ist nicht bewiesen. Sicher ist jedoch, dass Christian Porschin aus Königsberg 1691 ein Brennglas aus Bernstein erfand, das wirkungsvoller als Brenngläser aus Glas gewesen sein soll. Porschin stellte auch Brillengläser aus Bernstein her.

BERNSTEININDUSTRIE

Die Preussag übernahm erst zu Beginn dieses Jahrhunderts die Bernsteinindustrie in Königsberg von Stantien & Becker, doch trotz anhaltendem Einsatz zur industriellen Nutzung von Bernstein fiel die Nachfrage, während gleichzeitig die Unkosten stiegen; ein Problem, mit dem Russland seit der Übernahme der Bernsteinindustrie nach dem Zweiten Weltkrieg noch immer zu kämpfen hat.

Da die Qualität des abgebauten Bernsteins oft nicht zur kunsthandwerklichen Produktion taugt, werden ungefähr 80% des weltweit abgebauten Bernsteins in der chemischen Industrie verarbeitet. Dieser Bernsteinabfall, der unrein, zerbrechlich oder zu klein ist, wird zusammen mit dem Abfall aus der Schmuckproduktion als Pressbernstein, Bernsteinöl, -lack oder -säure verarbeitet.

In den letzten Jahren hat man herausgefunden, dass Bernstein in der Lasertechnik und, aufgrund seiner elektrischen Eigenschaften, der Elektroindustrie genutzt werden kann. Auch für die Pharmaindustrie ist Bernstein von Bedeutung, und die Lackherstellung scheint einen Aufschwung zu erwarten, nachdem die alternativen, billigeren Lacke als gesundheitsschädlich eingestuft worden sind.

Pressbernstein

Pressbernstein, auch Mosaikbernstein oder Ambroid genannt, besteht aus echtem Bernstein, der aber so bearbeitet wurde, dass er nicht als Naturbernstein bezeichnet werden kann. Pressbernstein ist schwer von Naturbernstein zu unterscheiden, ihm fehlt aber der natürliche Glanz und es treten andere Lichtreflexe auf. Eine dunklere Farbe gilt nicht unbedingt als Kennzeichen für Pressbernstein. Pressbernstein kann in aufgelöstem Anilin oder mittels Erwärmung in Öl mit Farbzusätzen gefärbt werden. Daher findet man Pressbernstein in den typischen Farben, aber auch in Rot, Blau, Grün und Schwarz.

Schon im 18. Jahrhundert versuchte man sich an der Bernsteinveredelung durch Schmelzen und Pressen des Materials, jedoch ohne bemerkenswerte Ergebnisse.

Erst 1879 gelang den beiden Wiener Firmen Spiller und Trebitsch die Herstellung von Pressbernstein, der dem heutigen Produkt ähnelt. Damals wurde dieser Schritt als wertvoll und beispiellos bezeichnet, wobei betont wurde, dass Pressbernstein ebenso spröde wie Naturbernstein sei.

Anfangs stellte man Pressbernstein aus kleinen Stückchen her. In der Firma Spiller wurde der Bernstein in einem Glyzerin- oder Parafinbad unter Luftzufuhr auf 200 bis 250°C erwärmt. Danach wurde die Masse mit 400 bis 500 at ohne Bindemittel zusammengepresst. Obwohl der Bernstein vorher nach Farben sortiert worden war, brachte dieses Verfahren ein uneinheitliches Produkt hervor. Eine homogene Bernsteinmasse liess sich erst herstellen, als man zur Feinsortierung überging.

Abb. 56. Pressbernstein.

1. *Warenmuster aus pulverisiertem Bernstein, der erwärmt und unter grossem Druck zusammengepresst wurde. Markiert mit Nr. 1, 2, 3 und 5. Bernsteinfabrik Jantarnyi in Königsberg. 1998.*
2. *Teil einer Platte aus kleinen Bernsteinstücken, die erwärmt und unter grossem Druck zusammengepresst wurden. 1950er Jahre.*

Die Firma Trebitsch dagegen erfand einen Behälter, in dem flüssiger Bernstein erst durch ein Sieb und dann durch eine Form gepresst wurde, so dass fertige Stangen oder Platten entstanden. Die wesentliche Neuerung dieses Verfahrens war jedoch, dass auf diese Weise grössere Stücke hergestellt werden konnten, als in der Natur vorkommen.

Pressbernstein ist härter als Naturbernstein und wurde daher für Griffe von Spazierstöcken, Regenschirmen und für Türklinken verwendet. Auch eignete er sich für Pfeifenmundstücke und Zigarettenspitzen. Vor allem wurde Bernstein aber wegen seiner Wärmebeständigkeit und guten elektrischen Widerstands industriell genutzt, z.B. in elektrischen Massenwaren.

Kolophonium

Bernsteinabfall, der nicht als Pressbernstein genutzt werden konnte, wurde zu Bernsteinöl und -säure verarbeitet. Aus diesem Prozess gingen wiederum 60% als Abfall hervor, die das Nebenprodukt Kolophonium bildeten.

Kolophonium, das eine gelbe bis braun-schwarze Farbe hat und sehr spröde ist, fühlt sich leicht klebrig an. Sorgfältig in ätherischen Ölen und Leinölfirnis aufgelöst, wird es hauptsächlich in der Lackherstellung verarbeitet, ist aber wesentlich teurer als andere Harzarten.

Einige kennen Kolophonium auch als Geigenwachs oder -harz, das auf die Rosshaarsehnen des Geigenbogens aufgetragen wird und reinere Töne erzeugt. Um die Masse geschmeidiger zu machen, wird oft auch Pech darunter gemischt.

Bernsteinöl

Rohes Bernsteinöl ist ein brenzliges, durch Trockendestillation gewonnenes Öl. Anfangs hat es eine gelbbraune Farbe und wird mit der Zeit schwarz-braun und teerartig. Durch zusätzliche Destillation mit Wasser entsteht eine fast farblose, klare Flüssigkeit, die sich nach einiger Zeit gelblich färbt.

Bernsteinöl findet Anwendung als Firnis und Holzschutzmittel, aber auch in der Arzneimittelherstellung.

Durch Oxidation mit Salpetersäure ensteht ein rot-gelbes, weiches Harz, der sog. künstliche Moschus, der in einigen Produkten der Parfümherstellung verwendet wird.

Bernsteinsäure

Dieser Stoff ist Bestandteil von Bernstein und verschiedenen Pflanzen und wird durch Trockendestillation von Bernstein und anschliessender Reinigung der gelb-braunen, rohen Säure durch Umkristallisierung von Wasser gewonnen.

Reine Bernsteinsäure, die kristallisch, farb- und geruchlos ist, wird als Desinfektionsmittel, bei der Arzneimittelherstellung und der Lackproduktion verwendet.

In erster Linie wird Bernsteinsäure zur Erzeugung von Rhodaminfarben

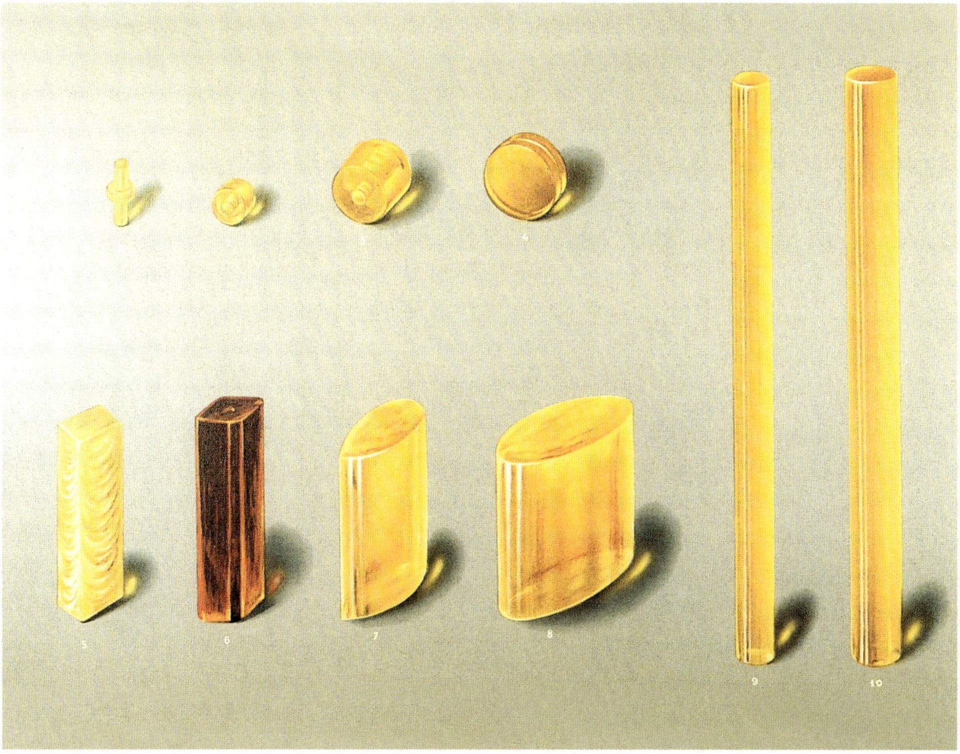

Abb. 57. Warensortiment aus Pressbernstein, 1960. Katalogseite der Jantarnyi-Fabrik.

benutzt, die beim Färben von Baumwolle und Seide eine Rolle spielen.

Bernsteinlack

Seit dem 18. Jahrhundert kennt man eine Reihe von Lackfirnissen.

Dunkler Bernsteinfirnis, der üblicherweise verwendet wurde, konnte aus Bernsteinabfall erzeugt werden, wogegen heller Firnis nur mit reinem gelben oder sogar weissen Bernstein erreicht werden konnte.

Bernstein oder Kolophonium mit zahlreichen Zusatzstoffen wie Kopal, Asphalt, verschiedenen Gummiarten, Drachenblut oder Safran bildeten die Grundlage für verschiedene helle und dunkle Firnisse, wie z.B.schwarzer Firnis, Feuer-Lackfirnis, Goldgrundfirnis, Asphaltfirnis, Goldölfirnis oder weisser Lackfirnis.

Schwarzer Firnis wurde für Eisenwerk verwendet, während Goldgrundfirnis eine echt vergoldete Wirkung erzielte.

Guter Lack wurde aus je 35 Teilen Bernsteinabfall, 2 Teilen Bleimineral, 20 Teilen Terpentinöl und 50 Teilen Leinölfirnis oder je 6 Teilen Bernsteinabfall, 2 Teilen Terpentinkolophonium, 1 Teil venezianischem Terpentin und 16 Teilen Terpentinöl hergestellt. Bernsteinlack ist härter als andere Naturlacke, weshalb man Schiffe und Fussböden damit strich. Auch, wo eine besonders glänzende Oberfläche gewünscht war, benutzte man Bernsteinlack.

Abb. 58. Warenmuster, 1998.
Bernsteinfabrik Jantarnyi in Königsberg.
1. Bernsteinöl
2. Bernsteinlack
3. Bernsteinsäure

IMITATIONEN

Im Laufe der Zeit sind zahlreiche Produkte als Bernstein verkauft worden und ebenso wurden Waren hergestellt, die Bernstein gleichen sollten.

Die häufigsten Versuche wurden mit Kopal und anderen Harzarten gemacht, oft mit Materialien wie Gummi arabicum, Terpentin o.ä. gemischt. Auch Glas wurde verwendet. Ausserdem wurde mit fast allen Kunststoffarten experimentiert, die seit Mitte des 19. Jahrhunderts auf den Markt gekommen sind.

Einige dieser Waren enthalten sowohl Ersatzprodukte wie auch echten Bernstein. So ist es z.B. schwer, Bernsteinmehl mit Plastik durch eine Geruchsprobe zu entlarven. Es gibt sogar Bernsteinketten, bei denen einige Perlen aus Bernstein, andere aus Kunststoff bestehen.

Fälschungen

Schmuckgegenstände aus Kunststoff oder anderem Material, die als Bernstein verkauft werden, sind natürlich Fälschungen, doch am häufigsten werden Fälschungen in Verbindung mit eingeschlossenen Insekten oder Pflanzenteilen erwähnt.

Seit dem 16. Jahrhundert sind Bernsteinfälschungen bekannt. Die berühmteste Fälschung ist die eingeschlossene Fliege aus der Sammlung des Natural History Museum in London aus dem 19. Jahrhundert. Vielleicht war es diese Fliege, die Conan Doyle zur "Studie in Rot" inspirierte, in der Sherlock Holmes eine Serie von unechten Fliegen in gefälschtem Bernstein aufdeckt.

Eine andere berühmte und sehr gut ausgeführte Fälschung ist ein Frosch in einem Stück baltischen Bernstein, der zu einer Sammlung gehörte, die J.P. Morgan um 1900 für 100 000 Dollar als Geschenk für das American Museum of Natural History erstand.

Überzeugende, falsche Einschlüsse in echtem Bernstein lassen sich in aus Schichten entstandenem Bernstein montieren, der geschmolzen und wieder um die Inkluse gegossen wird. Ausserdem werden oft unechte Einschlüsse in Kopal angeboten, die sich relativ einfach herstellen lassen. Kopal wird geschmolzen und einfach über das Objekt gegossen.

Von der Begeisterung über Spielbergs Kassenknüller "Jurassic Park" inspiriert, werden in der Volksrepublik China nach der gleichen Methode massenweise falsche Fossilien in Kunststoff hergestellt.

Bernsteinimitationen

Zelluloid

Wird auch Zellulosenitrat genannt, der erste richtige Kunststoff. Wurde in den 1860er Jahren erfunden, wahrscheinlich vor allem zur Elfenbeinimitation. Zündet man Zelluloid an, riecht es nach Kampfer. Ist selbstentzündend.
Dichte: 1,26.
Lichtbrechungsindex: 1,60-1,66.

Bakelit
1909 von Chemiker L.H. Baekeland erfunden. Bakelit, das aus Phenol und Formaldehyd besteht, wird als Pulver verkauft, das flüssig gemacht in beliebige Formen gegossen werden kann. In den 1920er Jahren wurden Bernsteinketten aus Bakelit produziert, von denen besonders die roten sehr populär waren. Bakelit ist härter als Bernstein. Durch Entzünden entsteht ein scharfer, unangenehmer Geruch.
Dichte: 1,33.
Lichtbrechungsindex: 1,55.

Kasein
Ein gehärtetes Milchprodukt, dem bei der Herstellung eine echte Bernsteinfarbe gegeben werden kann. Wurde selten und vor allem für Knöpfe u.ä. verwendet.
Dichte: 1,33.
Lichtbrechungsindex: 1,55.

Polystyren
Ein Thermoplast, das sich zum Giessen eignet. Leichter als Bernstein, löslich in Benzin oder Toluen.
Dichte: 1,05.
Lichtbrechungsindex: 1,55.

Perspex
Auch Polymethylmetakrylat genannt. Eignet sich gut zur Nachahmung von Bernstein, wird aber noch nicht oft verwendet.
Dichte: 1,18.

Bernit
Ein deutsches Kunstprodukt. Wird auch Bernat genannt und hat grosse Ähnlichkeit mit Bernstein. Enthält "Sonnensprenkelungen" und Risse wie echter Bernstein. Den Einschlüssen fehlen Luftblasen aus der Atmung der Insekten und den Bewegungen, sich vom klebrigen Harz zu befreien.
Dichte: 1,23.
Lichtbrechungsindex: 1,54.

Polybern
Wurde in Deutschland entwickelt und besteht aus kleinen Bernsteinstücken, die in Polyester gegossen wurden. Mit dem blossen Auge schwer von echtem Bernstein zu unterscheiden. Wird Bernsteinstaub in Polyester gemischt, ist die Fälschung selbst durch Entzünden des Materials kaum festzustellen.

In Polen wird ein ähnliches Produkt hergestellt, das jedoch weniger Bernstein enthält. Wird vor allem für Halsketten verwendet.

Acryl
Wird in den USA für sog. "Slocum"-Imitationen benutzt, die in Blöcken zur Weiterverarbeitung verkauft werden. Riecht nach verbranntem Obst, wenn es entzündet wird.
Dichte: 1,17.
Lichtbrechungsindex: 1,50.
Härte: 3,0.

Glas
Kann anhand seiner grösseren Härte und am Gewicht erkannt werden. Glas fühlt sich, im Gegensatz zu Bernstein, kalt an.

Horn
Besitzt eine gräuliche Farbe, kann aber eingefärbt werden. Wird

hauptsächlich für Perlenketten verwendet. Hat eine grössere Dichte als Bernstein und riecht brenzlig, wenn es entzündet wird.

Bernsteinproben

Reibeprobe
Wird Bernstein kräftig gerieben, lädt er sich elektrisch auf und duftet schwach nach Harz, was allerdings auch auf Polybern zutrifft. Kopal und Glas laden sich nicht elektrisch auf.

Nadelprobe
Wird eine glühende Nadel in Bernstein gestochen, verbreitet sich Harzgeruch, was jedoch auch für Polybern gilt. Kopal hat einen anderen Geruch, während Kunststoff geradezu stinkt. Zelluloid riecht nach Kampfer, Kasein nach verbrannter Milch, Bakelit hat einen scharfen Geruch und Horn erinnert an verbranntes Haar.

Wasserprobe
Anders als Glas und Kunstharz, schwimmt Bernstein in gesättigtem Salzwasser an der Oberfläche. Einige Plastikarten treiben auf der Oberfläche von gewöhnlichem Wasser, andere Kunststoffe sinken.

Messerprobe
Schneidet man vorsichtig mit einem Messer in Bernstein, zerspringt er in kleine, flache Schuppen. Ebenso Kopal und Pressbernstein. Bakelit zerspringt in grössere Stücke. Wird Plastik mit dem Messer bearbeitet, entstehen Späne.

Ätherprobe
Ein Tropfen Äther auf Bernstein hinterlässt keine Spuren, wenn er sofort abgewischt wird. Kopal dagegen wird klebrig. Bei Plastik löst Äther die Oberfläche auf und lässt sie rauh werden.

Dichteberechnung
Bernstein wird gewogen und danach sein Volumen bestimmt, indem man die Verdrängung in Wasser misst. Dividiert man das Gewicht mit dem Volumen, erhält man die Dichte = das spezifische Gewicht.

Brennender Bernstein riecht aromatisch.

Die Oberfläche von Bernstein ist oft rissig und hat Schleifspuren, was bei Kunststoffen selten vorkommt.

Am besten kann Pressbernstein mit Hilfe von polarisiertem Licht von Naturbernstein unterschieden werden. Hierzu sind allerdings professionelle Geräte nötig. Wissenschaftler können auch den Lichtbrechungsindex und die Fluoreszenz messen sowie chemische oder Spektralanalysen vornehmen. Solche wissenschaftlichen Untersuchungen werden nicht nur zur Unterscheidung von anderen Materialien, sondern auch zur Bestimmung der verschiedenen Bernsteinarten vorgenommen.

Abb. 59. Armbänder aus Kunstbernstein.

1. *Hergestellt aus Polybern - Polyester und vor dem Härten zugesetztem, feingeteiltem Bernstein, 1970-1990.*
2. *Hergestellt aus Polyester und feinem Bernsteinpulver, das vor dem Härten auf die Rück seite gestreut wurde, 1997.*

BERNSTEIN AUS ALLER WELT

Chinesische Schnupftabakflaschen

Chinesen und Europäer fanden im 17. Jahrhundert Gefallen am Schnupftabak. Schnupftabak, gemalener Tabak mit aromatischen Zusatzstoffen, wird, wie der Name schon sagt, durch die Nase geschnupft.

In China bewahrte man Schnupftabak in kunstfertigen Flaschen auf, während in Europa meistens dekorierte Dosen verwendet wurden. Beide Behälter wurden auch in Bernstein hergestellt. Aus Europa, vor allem England, Norwegen und Bayern, sind auch Schnupftabakflaschen bekannt, sie enthalten aber im Gegensatz zu den chinesischen keinen Spachtel. Dieser Spachtel, der in der Regel ein kleiner Knochenlöffel ist, fasst eine Prise Schnupftabak und ist am Flaschenverschluss befestigt.

Der Verschluss unterscheidet sich in der Regel von der Flasche in Farbe oder Material, das oft ein Halbedelstein wie Jade, Agat oder Ametyst ist. Der gleiche Stein wurde von den chinesischen Kunsthandwerkern wie Bernstein bearbeitet, doch die meisten Flaschen waren aus bearbeitetem Glas, das Edelsteinen zum Verwechseln ähnlich sah.

Japanische Netsuken

Die traditionelle japanische Tracht, der Kimono, hat keine Taschen. Die Männer trugen ihre persönlichen Dinge stattdessen in losen Taschen oder Etuis am Gürtel, wo sie an einem Knopf oder Haltestab - dem Netsuke - festgemacht wurden.

Netsuken sind meistens kleine, geschnitzte Figuren mit versteckten Löchern für die Halteschnüre, die hinter den Gürtel gezogen werden. In der Natur kommt Bernstein in Klumpen vor, die geradezu zum Schnitzen von Figuren einladen. Elfenbein eignete sich gut zur Herstellung von Netsuken. Auch Halbedelsteine, Silber und Lack waren begehrt.

Miniaturfiguren wurden auch aus Knochen, gebranntem Ton und Holz produziert. Kunstvoll mit Farbe und Politur bearbeitet, konnten sich die Ergebnisse durchaus mit jenen aus teurem Elfenbein messen.

Zahlreiche Elfeneinschnitzer arbeiteten auch mit Bernstein, und häufig wurden zwei verschiedene Materialien kombiniert. Dies gilt jedoch nicht für Netsuken, die trotz kompliziertester Verzierungen meistens einfache Materialien und Formen aufwiesen.

Die ältesten Netsuken aus dem 16. und 17. Jahrhundert stellen Sagengestalten dar. Figuren aus den beiden folgenden Jahrhunderten dagegen geben überwiegend Alltagsszenen wieder. Es finden sich auch bekannte Schauspielmasken des No-Theaters.

Wasserpfeifen

In weiten Teilen Afrikas und dem Orient wird Tabak vorzugsweise aus Wasserpfeifen geraucht, die seit dem 17. Jahrhundert bekannt sind. Trotz verschiedenartiger Form sind sie

Abb. 60. Schnupftabakflasche, China, 19. Jhdt.
Bernstein mit Agatpfropfen.

nach dem gleichen Prinzip hergestellt. Eine Wasserpfeife besteht aus drei Teilen. Ein geschlossener Behälter wird teilweise mit Wasser gefüllt. Daran befestigt sitzt ein Rohr mit dem Pfeifenkopf. Dazu kommt das Mundstück, das eventuell auch auf einem Rohr oder an einem Schlauch befestigt ist. Das Rohr mit dem Pfeifenkopf wird so im Behälter angebracht, dass das Ende unter die Wasseroberfläche reicht. Das Ende des Mundstücks wird dagegen über dem Wasser angebracht. Wenn die Pfeife angezündet wird, steigt der Rauch aus dem brodelnden Wasser in den geschlossenen Raum auf, aus dem er vom Raucher durch das Mundstück eingesaugt wird.

Traditionell werden Wasserpfeifen aus natürlich vorkommenden Materialien wie Kokosnüssen, Bambus und Strausseneiern hergestellt. In der Pfeifenindustrie werden dagegen Ton, Glas und Metall verwendet. Die meisten Wasserpfeifen sind Standpfeifen, die von einer oder mehreren Personen benutzt werden. Viele Chinesen wenden aber auch Wasserpfeifen an, die in der Hand gehalten werden.

Nach einer guten Mahlzeit ist es üblich, die Wasserpfeife die Runde machen zu lassen, und die meisten Raucher haben ihr eigenes Mundstück. Wenn es sich um Moslems handelt, darf dieses nicht aus Knochen sein. Stattdessen werden oft Bernsteinmundstücke verwendet, die durch mehrere Generationen von den Bernsteinmanufakturen in Nordeuropa importiert worden sind, wo man sie mit besonderem Augenmerk auf den moslemischen Markt produziert. Die Mundstücke sind oft von grosser Qualität mit eingelegten Dekorationen aus Silber, Koralle oder Bernstein. Auch Silberfiligran wird oft verarbeitet. Beide Typen sind ein gutes Beispiel für das russische und orientalische Kunsthandwerk.

Abb. 61. Mundstücke für Wasserpfeifen.
Russland, Anfang 20. Jhdt.
1. *Bernstein mit eingelegtem Silber*
2. *Bernstein mit Silberfiligran*
3. *Bernstein mit eingelegtem Silber*

BERNSTEIN IN DÄNEMARK

Gräbt man tief genug, stösst man in Dänemark fast überall auf Bernstein. Trotzdem glauben die meisten, dass bei uns Bernstein nur an den Küsten zu finden ist. Die grössten Vorkommen gibt es bei Blåvandshuk und auf Fanø, doch insgesamt werden an der gesamten dänischen Westküste bis nach Thyborøn hinauf beachtliche Mengen angespült. In der Gegend um Skagen lagert aufgrund der starken Strömung kein Bernstein.

An der Kattegatküste, auf der Ostseite Jütlands, wird Bernstein meistens an den Stränden zwischen Frederikshavn und südlich des Limfjords sowie im Fjord selbst gefunden. Auch die Küste bei Stensnæs, zwischen Lyngså und Voerså, ist reich an Bernstein, und sogar in der Bucht von Århus wurden Bernsteinfunde gemacht.

Die Nordküste der Insel Læsø und die nördliche Küste von Seeland von der Odde bis nach Helsingør sind als ergiebige Fundorte bekannt. Auch im Øresund, vor allem in der Køgebucht sowie der Gegend um Falsterbonæs und in der Kämpingebucht in Schonen, wird Bernstein vermutet.

Ebenso wird Bernstein an den Stränden von Møn, Falster und Lolland, Teilen Fünens und auf den anderen Inseln der dänischen Südsee angespült.

Bernstein an der Küste

Beim Ausbaggern von Fahrrinnen, dem Bau von Hafenanlagen oder anderen Küstenarbeiten werden oftmals grosse Mengen Bernstein freigelegt. Sogar in Kopenhagen wurde Bernstein gefunden. 1681 wurde im Stadtteil Kalveboderne ein Klumpen von 1 400 g ausgegraben. Etwas später stiess man am nördlichen Tor der Wallanlagen auf einen weiteren Klumpen von 1 200 g. Beide Stücke wurden König Frederik III übergeben.

Bei Instandhaltungsarbeiten der Fahrrinne bei Hals Barre im Limfjord wird regelmässig Bernstein entdeckt. Auch beim Bau des Limfjordtunnels und des Grönlandhafens bei Ålborg kamen grosse Mengen zutage, die sogar Stücke von bis zu 700 g enthielten. Die dort beschäftigten Arbeiter konnten durch Bernsteinsammeln manchmal mehr verdienen, als durch ihre reguläre Arbeit. Ebenso hat der Bau der Brücken über den Grossen Belt und den Øresund an den angrenzenden Küsten zum Bernsteinabenteuer beigetragen.

Bei der Sturmflut von 1911 wurden an der jütischen Westküste aussergewöhnlich grosse Bernsteinfunde gemacht. Damals durchbrachen die Naturkräfte den neugegrabenen Hvide Sande-Kanal und erweiterten die Öffnung um das Zehnfache. Als man 1969 Sand für den Deichbau bei Ülvesbüll an der Eider pumpte, wurden ebenfalls grosse Bernsteinvorkommen entdeckt.

Abb. 62.

1. *Bernsteinablagerungen vom Øresund. Aus fünf Meter Tiefe hervorgeholt.*
   Tårnby auf Amager, Frühjahr 1996.
2. *Bernsteinabfall aus der Nordsee. Gesammelt an der Strandkante. Kærgård, Juni 1998.*

Bernstein unter der Erde

Brunnenbauer und andere, die mit Tiefbauarbeiten zu tun haben, können bestätigen, dass sich im dänischen Untergrund an vielen Stellen Bernstein findet. Die grössten Mengen gibt es auf den Strandwiesen der jütischen Ostküste zwischen Strandby und Dokkedal, wo das Bernsteinsammeln zeitweise verboten war.

In Vendsyssel werden bei Strassenbauarbeiten, z.B. bei der Anlage der Hauptstrassenunterführung bei Sæby oder dem Bau eines Fahrradtunnels 1984 bei Elling, in den Tonschichten des Untergrunds häufig Bernsteinablagerungen freigelegt.

Die harte Arbeit in den grossen Braunkohlelagern Mittel- und Westjütlands wurde regelmässig mit Bernsteinfunden belohnt, und auch Kiesgruben enthalten grössere Mengen Bernstein.

Meeresbernstein

Nicht jeden Tag ist “Bernsteinwetter” - richtige Sammler wissen das - und irgendwo entlang der Küste ist in den kalten Monaten immer jemand unterwegs auf der Suche nach Bernstein.

Wenn sich das Meer nach einem Sturm wieder beruhigt hat, sind die Chancen günstig, von den Naturkräften vom Meeresboden losgerissenen Bernstein zu finden.

Strömung und Windrichtung sind entscheidend dafür, wo Bernstein angespült wird, aber auch der Salzgehalt des Wassers spielt eine gewisse Rolle. So enthält das Meerwasser nördlich von Fanø in Richtung Blåvandshuk 0,5% mehr Salz, als südlich davon. In salzhaltigem Wasser treibt Bernstein leichter, was eine der Ursachen für die besonders zahlreichen Funde in dieser Gegend sein könnte. Geübte Sammler kennen die Stellen, wo Bernstein angespült wird. Weniger Geübte sollten auf die Möwen achtgeben, die häufig in den bernsteinhaltigen Ablagerungen der Strandkanten Nahrung finden.

Ein aussergewöhnliche Menge von Sedimenten wurde von der Sturmflut 1911 an Land gespült. Bei Gjødlen in der Nähe von Nymindegab entstand auf einer Länge von 500 m eine Ablagerung, die an manchen Stellen 25 m breit und 2 m hoch war. Hier sammelten zwei junge Männer 12 Pfund gute Stücke Bernstein, die sich alle zur Verarbeitung eigneten. Die einzelnen Stücke wogen aber nicht einmal ein halbes Pfund. Ähnliche Mengen kamen bei Gammelgab westlich von Lønne und nordwestlich von Gammel Bjerregård im Holmsland Klit sowie bei Skodbjerge vor. Dass solch aussergewöhnlich bernsteinhaltiges Material angespült wurde, rührt sicherlich von der enormen Verbreiterung der Öffnung bei Hvide Sande her. Die unverhältnismässig grossen Bernsteinmengen können auch von der Sturmflut von der Küste abgerissen worden sein. Am gleichen Tag wurden am Küstenabschnitt zwischen Bovbjerg und Blåvand bedeutende Bernsteinfunde gemacht.

Gewöhnlich werden kleinere Stücke Bernstein an Land gespült. Nach grösseren Klumpen muss man bei

Abb. 63. Der grösste Fund des Bernsteinsammlers, 1982.
Gesammelt auf der Skalling, 5.-6. Mai 1982 nach dreitägigem Sturm aus Südwest. Gesamtgewicht: 5 570 g.

Niedrigwasser weiter draussen suchen. Dazu wird manchmal eine Art Ketscher benutzt. Bernsteinhaltiges Material wird auch mit einem Netz gefischt, das an den Strand gezogen und von einem Helfer auf Bernstein untersucht wird.

In manchen Fällen empfiehlt es sich, vor dem Hellwerden auf Bernsteinjagd zu gehen. Dann sollte man barfuss gehen, da Bernstein sich, im Gegensatz zu Sand und Steinen, warm anfühlt. Auch Lampen erleichtern die Suche, da Bernstein sehr gut reflektiert.

Das Geheimnis des Bernsteinsammlers

Ein Bernsteinsammler gibt nur selten Einzelheiten über seine Funde preis. Grösse und Fundstelle sind normalerweise wohlgehütete Geheimnisse. Wird ein besonders grosses Stück oder besonders viel gefunden, können die meisten aber den Mund nicht halten - und sowas spricht sich dann herum...

Zum Beispiel ist aus dem Jahr 1750 ein Fund bekannt, der in Grösse und Form einem Bierhumpen ähnelt und als besonders schön und rein beschrieben wird. Sein Verkauf soll mehrere hundert Reichstaler eingebracht haben. Angaben über ein schönes Stück von 45 Lot (675 Gramm), das 1825 auf einer Auktion in Sønderho versteigert wurde, sind etwas genauer: Es brachte seinem Finder, dem Schiffer Jens P. Fischer, 115 Reichstaler ein.

Auch die Frau des Gutsherren Søren Madsen aus Sønderho fand ein besonders grosses Stück Bernstein mit dem Gewicht und Aussehen eines Schwarzbrots. Es soll für 300 Reichstaler verkauft und nach Berlin gekommen sein, was jedoch nicht belegt ist. Die Auktionsprotokolle verzeichnen lediglich einen Preis von 70 Reichstalern.

Das grösste bekannte, je in Dänemark gefundene Stück Bernstein wiegt 4,5 Kilo und befindet sich im Geologischen Museum in Kopenhagen.

Feldbernstein

Die besten Stellen zum Bernsteinsammeln sind die flachen Strandwiesen südlich von Frederikshavn - besonders die Gegend zwischen Dokkedal und Lyngså. Diese Gegend, die aus in die Höhe geschobenem Meeresboden besteht, liegt in jenem Teil Jütlands, der sich immer noch unmerklich, aber konstant hebt.

Feldbernstein kann man das ganze Jahr über finden, am besten eignet sich allerdings der Herbst, wenn die Felder umgeflügt werden und es gerade geregnet hat. Bernstein aus dem Meer und Feldbernstein sind zwar von gleicher Art, können auf den ersten Blick aber recht verschieden wirken. Feldbernstein hat eine vom Sauerstoffgehalt der Luft stark verwitterte Oberfläche, während Meeresbernstein gegen solchen Einfluss vom Salzwasser geschützt war. Feldbernstein ähnelt den Erdklumpen, zwischen denen er gefunden wird. Entfernt man aber die äussere Schicht, ist er ge-

Abb. 64a und b. Bernsteinstück, 1978.
Im Netz eines Schollentrawlers 30 Seemeilen west-nordwest von Hvide Sande in der Nordsee gefangen. Gewicht: 2 470 g.

nauso klar und warm wie Meeresbernstein.

Nebenerwerb

Für die meisten ist Bernsteinsammeln eine Freizeitbeschäftigung, doch früher war es ein Nebenerwerb wie das Drehen von Tontöpfen (den sog. Jydepotter) oder das Strümpfestricken. In der Regel waren die Bernsteinsammler Leute mit bescheidenem Einkommen, und den Quellen zufolge handelte es sich vor allem um Frauen, Witwen, pensionierte Seeleute oder Kinder.

Der Regierungspräsident von Ringkøbing erwähnt in einem Bericht von 1833 das Bernsteinsammeln als Nebenerwerb zusätzlich zur Landwirtschaft, der an zehnter Stelle nach dem Salzkochen und vor dem Sammeln von Strandgut rangiert. Er sah es als nützlich an "wenn die Küstenbevölkerung über die besten Methoden zum Graben nach Bernstein aufgeklärt werden könnte". Anscheinend hatte er vom Bernsteinabbau an den Küsten des Samlands gehört und stellte sich ähnliche Aktivitäten in Dänemark vor. Der Abbau von Bernstein in grösserem Umfang ist hier jedoch nie in Angriff genommen worden.

Abb. 65. Dänischer Bernstein.
1. - 3. Bernstein aus der Nordsee zwischen Skallingen und Nymindegab.
4. - 5. Oberflächenfund von den Küstenwiesen am Kattegat, südlich von Sæby.

RECHT UND GESETZ BEZÜGLICH DES SAMMELNS VON BERNSTEIN

Königsbernstein

Das Prinzip, dass alles, was niemandem gehört, Eigentum des Königs ist, geht auf vergangene Zeiten zurück. Nach dieser Regelung fielen Wrackteile und Strandgut der Krone zu, falls kein anderer das Strandrecht besass. Das bedeutet, dass Bernstein nicht dem Finder gehörte, sondern dem örtlichen Stellvertreter des Königs übergeben werden musste. Man scheint sich aber nicht immer daran gehalten zu haben, denn 1555 erreichte den Lehnsmann von Riberhus eine königliche Order, zwei Fässer Austern sowie allen auf dem Markt erhältlichen Bernstein an den Hof zu schicken.

Erst als Christian IV 1626 dem Kopenhagener Drechsler Jacob Hansen das Alleinrecht zum Erwerb allen Bernsteins, der im Laufe von vier Jahren an den Küsten ganz Dänemarks anlandete, gewährte, wurde Dänen und Ausländern das Sammeln an den Küsten sowie der Handel mit Bernstein verboten. Jacob Hansen zahlte eine jährliche Abgabe von 50 Reichstalern und schickte seine Angestellten an viele Orte an der jütischen Küste, um Bernstein aufzukaufen. Der Lehnsmann des Königs wurde angehalten, ihm beim Handel behilflich zu sein.

Doch nicht alle hielten sich an die Erlässe des Königs. 1631 wurde Niels Pedersen aus Sønderside in der Gemeinde Ho von Dreyer (wahrscheinlich Jacob Hansen, Drechsler) verklagt, weil er trotz des königlichen Erlasses Bernstein aufgekauft und nach Hamburg ausgeführt hatte. Das Gericht gab Dreyer recht, und die Geschichte endete mit einem Vergleich der Beteiligten.

Von 1682 an verpachtete die Krone ihre Strandrechte an Grundbesitzer oder Bürger in den Kleinstädten. Auch das hinderte die Küstenbewohner offenbar nicht. Am 24. November 1687 wurden 15 bis 20 Kinder wegen Bernsteinsammelns angeklagt.

Obwohl die Einkünfte aus der Strandverpachtung unsicher waren und die Menge von Strandgut und Bernstein von Jahr zu Jahr schwankten, ging es um beachtliche Summen. Gegen eine jährliche Pacht von 900 Reichstalern verpachtete der Regierungspräsident in Ribe vom 1. April 1700 an alle Strände für eine Periode von sechs Jahren. Die Pachterträge müssen den Erwartungen entsprochen haben, da die Verträge bis 1712 verlängert wurden. Um die Lokalbevölkerung am Bernsteinsammeln zu hindern, erliess er unmittelbar nach der Pachtverlängerung das Verbot des Aufenthalts am Strand für jedermann, ausgenommen Angestellte wie Strandgrafen oder registrierte Bernsteinsammler.

In der folgenden Zeit teilten sich mehrere Partner die Strandpacht der Gemeinde. Auf Fanø erhielt der Gemeindepfarrer in Sønderho das Hoheitsrecht und führte schon vom ersten Jahr an ein strenges Regiment. 1712 wurden zahlreiche Gemeindekinder wegen unerlaubten Bernsteinsammelns angeklagt und dazu verurteilt, ihre Funde entweder abzuliefern oder deren Gegenwert abzuführen.

Dem Gemeindepfarrer folgten weitere Personen in diesem Amt. Als aber die Bewohner Fanøs 1741 ihre Insel kauften, änderten sich die Regeln. 1764 wurden auf der Auktion über das Strandrecht bestimmte Bedingungen gestellt. Paragraph 1 legte fest, dass Sammler und andere, die mit Bernstein zu tun hatten, Einwohner Sønderhos sein müssen. Paragraph 2 verlangte, dass 16-24 der Ärmsten der Gemeinde zum Bernsteinsammeln ausgewählt werden und Anrecht auf die Hälfte der Funde oder den Gegenwert haben.

Trotzdem beschwerte sich 1767 der Strandpächter auf Fanø, dass viele Bernsteinsammler ihre Funde zum eigenen Vorteil weiterverkauften.

Der Regierungspräsident unterstützte ihn mit einer Gesetzesverordnung, nach der alle, ausser dem Strandvogt oder angestellten Bernsteinsammlern, sich nicht am Strand aufhalten durften. Als Strafe waren beim ersten Mal zwei Reichstaler zu bezahlen, danach jeweils das Doppelte.

1786 wurden neue, grundsätzliche Bestimmungen erlassen. Die vorherigen Verpachtungsabsprachen wurden ausser Kraft gesetzt, und seitdem wachten die Strandvogte über Treibgut und Bernstein an den dänischen Stränden. Es wurden Helfer zum Bernsteinsammeln eingestellt, die ein Drittel des auf Auktionen erzielten Gewinns erhielten. Die Bernsteinfunde waren jedoch nicht bemerkenswert. 1788 wurden 55 Pfund abgeliefert, 1795 nur noch ein paar Pfund.

Die Einnahmen fielen entweder dem König oder den Privatleuten, die das Strandrecht innehatten, zu. Dieses Recht wurde unterminiert, als der Oberste Gerichtshof 1843 festlegte, dass die königlichen Kassen weder Anspruch auf Bernsteinfunde noch Erstattung hatten.

Der gleiche Urteilsspruch berechtigte die Finder, ihre Funde einzubehalten.

1868 fanden drei Jungen aus Vorupør in Thy ein grosses Stück Bernstein, das vom Polizeimeister in Thisted für 51 Reichstaler und 32 Schilling weiterverkauft wurde. Das Finanzministerium gestand den Findern nur ein Drittel davon zu, aber der Oberste Gerichtshof verurteile das Ministerium 1871 dazu, den Jungen den vollen Betrag auszuzahlen. Seit diesem Urteil war es allen Bürgern erlaubt, Bernstein zu sammeln.

BERNSTEINSAMMLUNGEN

Pflanzer Hansen

Lars Jørgen Hansen (1859-1938) war Anwärter in der Aal Klitplantage, bevor er 1901 Pflanzer in Kjærgård wurde, wo er mit seiner Frau, der Lehrerin Ane Pouline Sørensen, und den nach und nach vier Kindern lebte, bis er Ende der 1920er Jahre in Pension ging.

Hansen ging in seiner Arbeit als Pflanzer auf und interessierte sich sehr für Soziales, Religion und Philosophie - einige der vielen Themen, über die er zahlreiche Essays verfasste.

Als Pflanzer hatte Lars Jørgen Hansen Kontakt mit den Menschen vom Strand, von denen er Bernstein erwarb und an Bernsteinschleifer weiterverkaufte. Diese Tätigkeit ermöglichte ihm, “besondere” Stücke selbst zu behalten und allmählich eine umfassende Sammlung anzulegen, die sowohl alle an der Westküste vorkommenden Bernsteinarten wie auch Stücke mit Einschlüssen enthielt.

Diese Sammlung mit allen Bernsteinvarianten überliess die Familie nach seinem Tod 1938 dem Museum.

Bernsteinarten

Bernstein kommt in vielen verschiedenen Farben vor. Einige meinen, bis zu 100, andere bis zu 250 verschiedene Farben unterscheiden zu können. Mitte des 16. Jahrhunderts äussert sich der schwedische Wissenschaftler Olaus Magnus sehr poetisch zu diesem Thema und meinte, dass es kaum einem Maler gelänge, Dinge mit dem gleichen Farbenspiel wiedergeben zu können, mit dem die Natur Bernstein ausgerüstet hat.

Gelb, von klargelb bis bräunlich, wird als natürliche Farbe von Bernstein angesehen. Sauerstoffeinwirkung auf die Oberfläche verleiht Bernstein eine rote Farbe. Sägt man roten Bernstein in Stücke, kommt unter der Oberfläche gelber Bernstein hervor. Bernstein mit einem hohem Anteil an mikroskopischen Luftblasen kann gänzlich weiss sein, während klarer Bernstein nur wenige und wesentlich grössere Luftblasen aufweist. Schwarzer Bernstein wurde von Humuserde, Pflanzenteilen und anderen Unreinheiten gefärbt, die auch grüne oder blaue Farbnuancen hervorbringen können.

Es ist übersichtlicher, Bernstein nach seiner Durchsichtigkeit zu ordnen, doch auch hier gibt es von klar bis opak (undurchsichtig) unzählige Varianten.

Bernsteinarten der Sammler

Milchbernstein
- weiss, undurchsichtig

Gelber Bernstein
- reiner, gelber Bernstein

Brauner Bernstein
- durch Unreinheiten gefärbt

Wolkenbernstein
- besteht sowohl aus klaren wie auch undurchsichtigen Parteien

Blanker Bernstein
- vollständig klarer Bernstein

Abb. 66. Bernsteintypen der Westküste.

1. Klarer Bernstein
- *durchsichtig, farblos bis dunkel rotbraun*
- *wasserklar ist selten, klargelb häufig, und auch grün kommt vor*

2. Opaker Bernstein
- *undurchsichtig*

3. Zwischenformen

a fett
- *halbtransparent, gleicht geschlagenem Honig oder gelblichem Gänsefett*

b Bastard
- *fast undurchsichtig, evtl. mit Schleier*
- *weiss, eidottergelb, braungelb oder rotbraun*

c Semi-Bastard
- *ähnelt Knochenbernstein, kann aber hochglanzpoliert werden*

d Knochenbernstein
- *ähnelt Knochen oder Elfenbein*
- *sehr weich und ohne Hochglanz*

e Schaumbernstein
- *sehr weich und glanzlos*

BERNSTEINHÄNDLER

Kaufmann Moses Cohn aus Ringkøbing, der in den 1820er und 1830er Jahren an der ganzen Westküste Bernstein aufkaufte, verkaufte diesen weiter nach Hamburg und, über Wien und Belgrad, bis nach Konstantinopel. In den Jahren 1822 bis 1825, als Sturmfluten grosse Mengen Bernstein anspülten, soll er 343 kg im Wert von über 10 000 Spezietalern erworben haben. In heutiger Währung entspräche das zwei bis vier Millionen Kronen.

Zum Vergleich soll erwähnt werden, dass der Regierungspräsident in Ringkøbing 1833 damit rechnete, dass zwischen Thorsminde und Nymindegab durchschnittlich Bernstein im Wert von drei- bis viertausend Reichstalern jährlich gesammelt werden konnte, was einem heutigen Wert von ca. einer Million Kronen entspricht.

Den Auktionsprotokollen zufolge wurde zwischen 1813 und 1822 in Nordby für 848, in Sønderho für 313 und auf ganz Fanø von 1824 bis 1839 für ca. 1 200 Reichstaler Bernstein verkauft. Alle Bernsteinfunde der Insel zusammen jedoch wurden auf bedeutend mehr geschätzt, ca. 150 bis 200 Reichstaler jährlich. Vergleicht man diese Zahlen mit den damaligen Immobilienpreisen, entspricht der Gewinn aus dem Bernsteinhandel an der jütischen Westküste dem Wert von zehn bis zwölf Höfen, oder einem ansehnlichen, kleineren Gutshof.

Grössere Firmen waren ebenfalls am Bernsteinhandel interessiert, und Ende des 19. Jahrhunderts tätigte die Asiatische Kompagnie bedeutende Geschäfte in Ostindien und China.

Eine legendäre Figur war Kaufmann Feinbergh, ein russischer Jude aus Kopenhagen, der um 1910 in Vendsyssel Bernstein aufkaufte. Er fuhr mit dem Fahrrad von Hof zu Hof und tauschte am liebsten Bernstein gegen Galanteriewaren.

Zu allen Zeiten hat es Bernsteinaufkäufer gegeben, weshalb die Konkurrenz unter den Sammlern gross war. Am liebsten hielt man sich jedoch an feste Abnehmer, denen man vertraute und die einen guten Preis zu zahlen bereit waren.

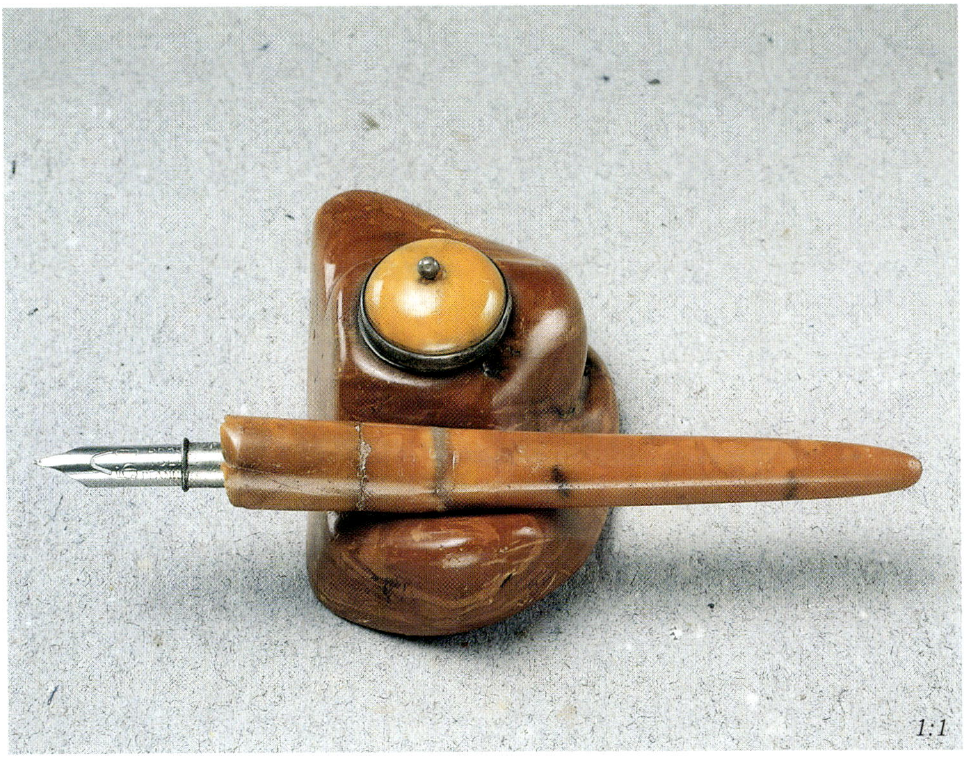

Abb. 67. Schreibwerkzeug, ca. 1930.
Tintenfass und Federhalter in Bernstein mit Silbermontierung.

DÄNISCHE BERNSTEIN-SCHLEIFER

Während des 17. und 18. Jahrhunderts waren am dänischen Königshof Bernsteinschleifer angestellt, aber auch auf den meisten Gutshöfen gab es Künstler, die mit Bernstein arbeiteten. Ende des 18. Jahrhunderts liess das Interesse für Bernstein nach, und 1836 schrieb E.C. Werlauff, dass es früher professionelle Bernsteinkünstler und tüchtige Dilettanten gab, während sich nun hauptsächlich jütische Bauernknechte mit der Bernsteinverarbeitung abgäben.

Trotzdem fanden sich auch später noch sehr tüchtige Handwerker unter den Bernsteinschleifern.

Niels Jørgen Møller (1796-1858) Bernsteindrechsler aus Sønderho. Von ihm wird berichtet, dass seine Bernsteinarbeiten bis nach Hannover, Kopenhagen, Bremen, Holland und Norwegen verschickt wurden. Seine Haupteinnahmequelle war jedoch die Herstellung von Perlen, die nach Hannover geliefert wurden. In acht Jahren soll er 11-12 000 Reichstaler verdient haben. 1834 zeigte die Kunsthandwerkergesellschaft auf einer Ausstellung in Kopenhagen eines seiner Halsbänder und eine Kette mit Bernsteinkreuz. Beide Arbeiten wurden als besonders gut bezeichnet.

Caroline Børresen (1827-1895) Bernsteindrechsler aus Sønderho. Sie verdiente ihren Lebensunterhalt ausschliesslich mit dem Verkauf von Bernsteinschmuck, den sie auf einem umgearbeiteten Spinnrad herstellte. C. Børresen nahm sowohl an dänischen wie ausländischen Ausstellungen teil und erwarb mehrere Medaillen und Prämien. Als Gegenleistung für eine ansehnliche Sammlung von Bernsteingegenständen, die sie Christian IX schenkte, erhielt sie mehrere Jahre lang die Unterstützung des Königs.

Hansigne Jessen (1885-1965) Bernsteinschleifer auf Fanø. Verbrachte einen Grossteil ihres Lebens in der Hauptstadt. "Bernstein-Signe" begann als junges Mädchen mit dem Drehen von Bernsteinknöpfen und ging später für ein Jahr bei Kunstdrechsler Schwartz in Kopenhagen in die Lehre. Sie arbeitete mit dem Technologischen Institut, der Permanenten Ausstellungsgruppe sowie der Fördergruppe Handarbeit zusammen und förderte die dänische Bernsteinindustrie nach dem Vorbild der deutschen Bernsteinwerkstätten. Auch mit Restaurierungsarbeiten beschäftigte sie sich, u.a. der Instandsetzung der Bernsteinsammlung auf Schloss Rosenborg. Immer in der Tracht der Insel Fanø gekleidet, stellte Hansigne Jensen auf zahlreichen Ausstellungen aus. Die grösste Ehre wurde ihr jedoch zuteil, als man sie einlud, Dänemark auf der Weltausstellung 1939 in New York zu vertreten.

Peter und Thorvald Lyktholt, Bernsteinschleifer aus Ulsted, Vendsyssel. Peter bereiste ganz Nordjütland und kaufte sowohl bearbeiteten wie rohen Bernstein auf. Dieser wurde von Thorvald mit grossem Talent bearbeitet und wiederum von Peter u.a. an Goldschmiede in Kopenhagen weiter verkauft.

Peter und Niels Kristensen aus Lyngså, waren um 1950 tätig. Beide waren vor allem für ihre Halsketten bekannt, die aus tausenden geschliffenen Perlen, nach Farbnuancen sortiert, aufgezogen wurden.

Mads Madsen (1873-1954), Bernsteinschleifer aus Henne. "Bernstein-Mads". Mads Frederik Augustenborg Madsen, geb. 10. November 1873 in Grønfeld bei Ølgod. Die ersten Jahre lebte er bei seinem Grossvater, kam dann zu fremden Leuten, bis ihn seine inzwischen verheiratete Mutter schliesslich zu sich nehmen konnte.

Vor seiner Heirat verdiente er sich seinen Lebensunterhalt in der Umgebung. Mit seiner Frau Jensine, die später Sine Mads genannt wurde, kam er nach der Hochzeit auf dem Hof Grønnesø bei Frederiksværk auf Seeland unter, wo sie Geld zum Erwerb eines verfallenen Hofs bei Årre verdienten. Da die Landwirtschaft nicht viel hergab, wurde der Abbau von Sand für die Zementproduktion zur Haupteinahmequelle. Nachdem die Sandvorkommen erschöpft waren, verkaufte das Paar den Hof für 500 Kronen. Während der folgenden Jahre reiste Mads herum und versuchte gleichzeitig, seine Familie zu versorgen. Erst als er 1913 ein baufälliges Haus in Henneby kaufte, fiel er zur Ruhe und fand Anstellungen bei den Arbeiten zum Durchbruch für den Kanal bei Hvide Sande oder bei der Trockenlegung des Fiilsees. Als die harte Arbeit zuviel für ihn wurde, brachte ihn ein Knecht des Mühlenhofs in Henne auf das Bernsteindrechseln.

Zuerst schaffte er sich eine Nähmaschine an, die er zur Schleifmaschine umbaute. Ein Stück Sandpapier auf einer Zementscheibe stellte die einfache Schleifvorrichtung dar. Die 30 Kronen, die Nähmaschine und Bernsteinmaterial kosteten, musste Mads leihen und über drei Monate abzahlen.

Das Bernsteinschleifen selbst war nicht sonderlich anstrengend. Doch wollte man für den Verkauf produzieren, bedeutete das sehr lange Arbeitstage. Auch mit Anfangsschwierigkeiten hatte Mads zu kämpfen. Der Bernstein sprang beim Schleifen und Löcherbohren leicht in Stücke, und das Montieren war problematisch. Als er nach der Präsentation der ersten Kollektion von 70 aufgenähten Anhängern wieder nach Hause kam, sassen die Ösen noch fest am Stoff, während die Bernsteinstücke lose in der Tasche lagen.

Für einen Anfänger war es schwer, die richtigen Preise festzulegen, doch Mads fand schnell heraus, wieviel er für besonders schöne Stücke verlangen konnte. War der Preis zu niedrig, verkauften sich die guten Stücke sehr schnell, liess die Qualität zu wünschen übrig, fanden sich keine Käufer.

Trotz aller Anstrengungen reichte der Verdienst hinten und vorne nicht. Deshalb begann er mit der Schotterherstellung und verdingte sich im Strassenbau. In der Hoffnung, die Bernsteinschleiferei zu seiner Haupteinnahmequelle zu machen, lieh er sich vom Kaufmann in Stausø 500 Kronen, die er in eine grössere Partie Bernstein investierte. Mit Hilfe des örtlichen Fahrradhändlers wurde der Maschinenpark um eine Bohrmaschine mit Drehlade erweitert.

Am 6. Mai 1933 erhielt Mads Madsen den Gewerbeschein und somit die Erlaubnis, "Bernsteinwaren im ganzen Land zum Verkauf anzubieten". Der Handel mit Bernsteinschmuck lief gut, sowohl bei speziellen Veranstaltungen wie auch mit den Touristen, die hauptsächlich aus Kopenhagen kamen und sein Haus in Henneby besuchten. Seine Frau Sine Mads bereiste als Händler von Bernsteinschmuck ganz Jütland, und es heisst, sie sei ein guter Kaufmann gewesen. Da die Geschäfte nicht besonders gut gingen, war Mads froh, als er den Auftrag zur Anlage einer neuen Strasse nach Henne erhielt. Er verdiente so viel, dass er ein grosses Grundstück erwerben konnte, auf dem für 1 600 Kronen zuerst ein Haus mit Geschäftsraum, Werkstatt und Küche errichtet wurde. Mads zog ein und verkaufte Schokolade, Zigaretten, Zigarren und Bernsteinschmuck. Es verging jedoch eine ganze Weile, bevor auch Sine nachkommen konnte, da erst Geld zum Ausbau des Hauses gespart werden musste.

Als alter Mann schrieb Bernstein-Mads seine Erinnerungen nieder und schloss mit dem Wunsch, eine grosse Bernsteinsammlung besitzen zu können; nicht, um damit Geld zu verdienen, sondern um echten Bernsteinschmuck auszustellen. "In dieser Branche wird viel geschwindelt", schrieb er. "Die Fälschungen sehen zwar echt aus, aber es ist doch Betrug. Was für eine Schande, dass eine der ältesten Quellen für den Reichtum dieses Landes mit unechter Ware in Verruf gebracht wird." Er schliesst mit der Hoffnung, die Sammlung fertigstellen und allen Interessierten echten Bernstein präsentieren zu können.

Preisbeispiele für Bernstein-Mads' Schmuck:

	um 1930	um 1950
Kleine Herzen	0,35 - 1,00 Kronen	2,50 - 7,00 Kronen
Broschen	1,00 - 4,00 Kronen	5,00 - 50,00 Kronen
Perlenkränze	6,00 - 60,00 Kronen	30,00 - 150,00 Kronen

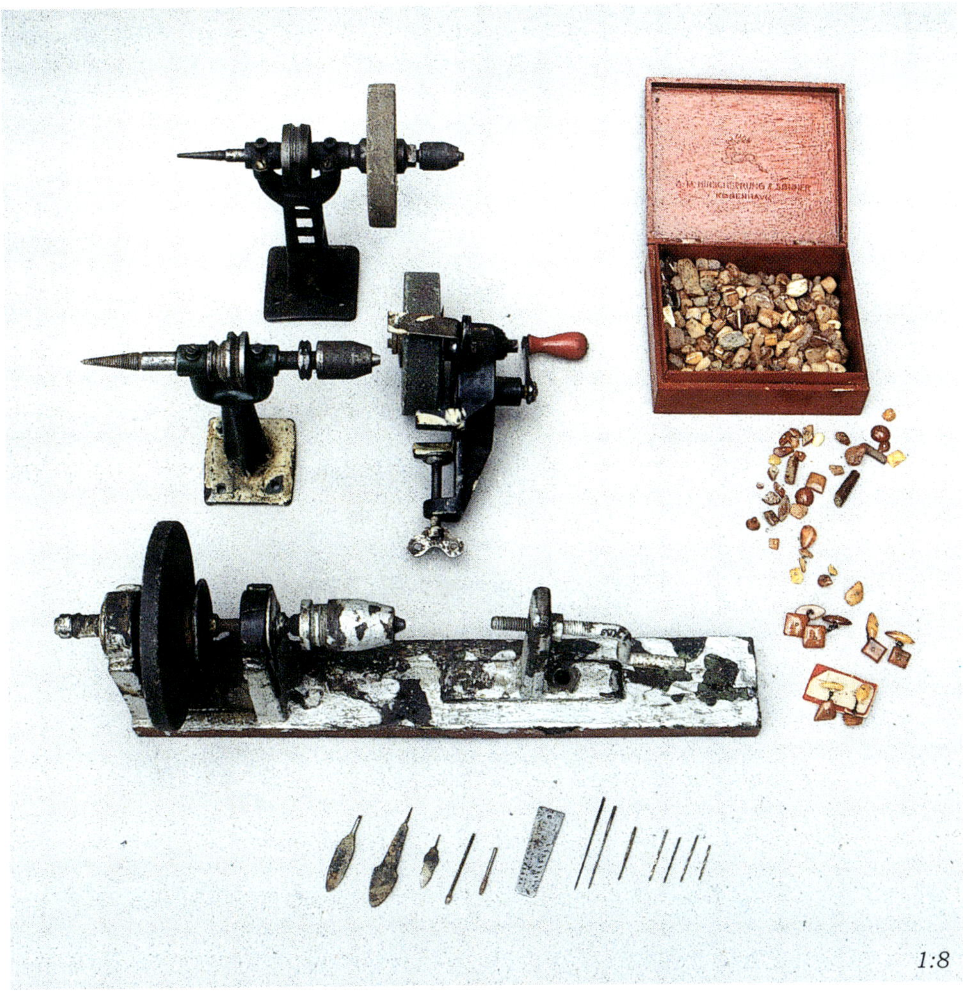

Abb. 68. Aus der Werkstatt des Bernsteinschleifers, ca. 1950.
Bohr- und Schleifmaschinen sowie "Wühlkiste". Aus dem Eigentum des Bernstein-Mads – Mads Hansen, Henne.

BERNSTEINVERARBEITUNG

Ein Bernsteinschleifer erzählt: “Als Junge begann ich mit Bernsteinketten, die ich aus Funden vom Strand zusammenstellte. Die Löcher bohrte ich mit einer über einem Talglicht erwärmten Nähnadel. Somit war ein Anfang gemacht, und die Ergebnisse wurden mit der Zeit und wachsender Kenntnis von den Eigenschaften von Bernstein immer besser.”

Klarer Bernstein ist spröde und zerspringt daher leicht. Aus mehreren Schichten entstandene Stücke zerfallen oft bei der Bearbeitung. Opaker und vor allem weisser Bernstein ist beständiger und erheblich leichter zu bearbeiten.

Nicht immer ist roher Bernstein auch am interessantesten. Feldbernstein z.B. sieht auf den ersten Blick langweilig aus. Wird aber die Oberfläche abgeschliffen, kommen immer helle Farben zum Vorschein. Doch muss man vorsichtig zu Werke gehen, denn das Farbspiel entsteht oft schon in den obersten Schichten.

Undurchsichtiger Bernstein kann durchsichtig gemacht werden, indem man ihn in vegetabilischem Öl langsam bis zum Sidepunkt erhitzt und ebenso langsam abkühlen lässt. Das Öl dringt in die winzigen Luftblasen, die den Bernstein unklar erscheinen lassen, ein und füllt sie aus.
Während des Prozesses kann dem Öl Farbstoff beigefügt werden, der vom Bernstein aufgenommen wird. Heutzutage wird Bernstein im Autoklaven mit Stickstoff geklärt.

Erwärmt man Bernstein vorsichtig im Ofen, bekommt er einen warmen, rotbraunen Ton. Gleichzeitig platzen einige der kleinen Luftblasen im Inneren, was hinterher den Eindruck von Fischschuppen oder Insektenflügeln, auch Sonnensprenkelungen genannt, hervorruft. Mit etwas Übung lassen sich die rotbraune Färbung und die Anzahl solcher Sprenkelungen kontrollieren.

Bernstein lässt sich leicht durchlöchern. Wird der Bohrer jedoch nicht von beiden Seiten angesetzt, riskiert man Absprengungen. Dieser Effekt kann vermieden werden, wenn unter Wasser gearbeitet wird.

Fast alle Bernsteinschleifer benutzen heutzutage eine variabel einstellbare Schleifmaschine. Zum Bohren von Löchern wird ein Zahnarztbohrer verwendet. Früher waren die meisten Schleifmaschinen selbstgebaut und bestanden aus umgebauten Spinnrädern, Nähmaschinen oder kleineren Elektromotoren.

Bei der Bearbeitung von Bernstein entsteht Staub, gegen den man sich schützen muss. Bernstein-Signe aus Fanø löste dieses Problem mit Hilfe eines Staubsaugers. Moderne Bernsteinschleifer arbeiten mit einem Entlüftungssystem. Zum Polieren des Materials kann Bernsteinstaub, aber auch Poliermasse, Zahnpasta, Autowachs oder Zigarrenasche verwendet werden.

Ein Grossteil des Bernsteins wird heute in motorbetriebenen Schleiftrommeln zu Perlen verarbeitet.
Früher wurden diese Trommeln mit Hilfe von Windmühlen betrieben. Die Bernsteinstücke werden zusammen mit Wasser und Sand oder Schleifpulver in die Trommel gefüllt, die einige

Tage in Betrieb bleibt. Danach wird mit einem Poliermittel feingeschliffen. Es gibt zahlreiche Rezepte für Schleifmittel, z.B. eine Mischung von in Wasser gelöster Kreide und groben Buchenspänen mit Petroleum als Schmiermittel.

Farbe und Glanz kommen deutlicher zum Ausdruck, wenn der fertige Gegenstand mit einem in vegetabilisches Öl getauchten Lappen poliert wird.

BERNSTEINKNÖPFE

Seit dem 18. Jahrhundert kamen Bernsteinknöpfe und anderer Schmuck, zumeist Ohrgehänge und Ohrringe, in ganz Dänemark vor. Um 1840 wurden Knöpfe allgemein bekannt, doch ihre besondere Bedeutung für die westjütische Frauenkleidung erhielten sie erst später. Dies hängt vielleicht damit zusammen, dass von da ab jeder am Strand Bernstein sammeln durfte und die vorherige strenge Ablieferpflicht nicht mehr genau befolgt wurde.

Die Schleifer der frühesten Bernsteinknöpfe wollten zweifellos Kopien der Silberknöpfe ihrer Zeit herstellen und benutzten die gleichen Formen und Dekorationen. Gegen Ende des vorigen Jahrhunderts erhielten Bernsteinknöpfe aber ihren eigenen Stil, während die Trachten gleichzeitig einheitlicher wurden.

Um 1900 waren die bekanntesten Sorten flache Knöpfe aus hellem Bernstein mit einem dunklen Mittelknopf und runde oder ovale Knöpfe mit achtkantiger Falzung. Auch facettierte "Danziger Knöpfe" waren sehr populär. In der Regel wurden sie aus Danzig eingeführt, von wo die Schiffe aus Fanø Kohle für den heimischen Markt holten.

Abb. 69. "Fanø-Knöpfe", 19. Jhdt.
Solche Knöpfe wurden auch von der Bevölkerung auf dem Festland benutzt.

TOURISTENBERNSTEIN

Bernsteinsammler an der Westküste bezeichnen mit “Touristenbernstein” jene wertlosen Stücke mit einem Gewicht von bis zu einem Gramm, die Touristen normalerweise finden, wenn sie unermüdlich die Strandkanten absuchen. Die grösseren Stücke sind längst von den geübten Sammlern geholt worden.

Souvenirs mit einem wesentlichen Anteil von Bernstein und besonders billige Bernsteinketten werden von den Händlern auch Touristenbernstein genannt. Solches Material ist selten an der Westküste hergestellt, geschweige denn dort gesammelt worden. Den meisten Touristen ist dies egal. Für sie bedeutet ein schönes, preiswertes Stück eine Erinnerung an die Ferien an der Nordseeküste. Teurere Stücke aus Silber und Bernstein, oder geschnitzte Figuren, die von einem kundigen Bernsteinschleifer bearbeitet worden sind, finden aber auch ihre Käufer.

Abb. 70. Anhänger, ca. 1970.
Bernstein in Silber montiert. Stempel: JBS (Jørgen Bjerring Sørensen).
Entwurf eines Goldschmieds für ein Touristensouvenir aus Dänemark.

SILBERSCHMIEDARBEIT

Die meisten, um 1900 hergestellten Arbeiten sind vom Stil ihrer Zeit geprägt. Dieser Stil wird Jugendstil oder Art nouveau genannt.

Dänisches Korpussilber aus dieser Epoche wurde oft mit Bernstein verziert. Führende dänische Designer wie Th. Bindesbøll, Kai Bojesen und Holger Kyster arbeiteten viel mit dieser Kombination. Bernstein lässt sich stilvoll ausnutzen und bearbeiten, so dass es der Form des Gegenstands angepasst werden kann. Auch liess sich damit herumalbern, wie z.B. Kai Bojesen es tat, als er vier Bernsteinstücke zu einem Grabhügel auf einem Dosendeckel zusammenstellt.

Abb. 71. Dose mit Grabhügel, ca. 1920.
Silber und Bernstein. Stempel: KBS (Kay Bojesen) mit einer Boje in Wellen. Kopenhagen.

Abb. 72. Dosen mit Lappentauchern, ca. 1920.
Silber und Bernstein. Stempel: KBS (Kay Bojesen) mit einer Boje in Wellen. Kopenhagen.

Abb. 73. Silberbesteck mit Bernsteinperlen.

1. *Löffel, Silber und Bernstein. Stempel: HBM. Ballins Eft. 1900-1920.*
2. *Tortenheber, Silber und Bernstein. Stempel: KBS (Kay Bojesen) mit einer Boje in Wellen. Kopenhagen, 1910-1930.*
3. *Löffel, Silber, Bernstein und grüne Steine. Stempel: O. Friis (O. Strange Friis). 1900-1920.*

GOLDSCHMIEDEARBEIT

Viele dänische Künstler und Designer arbeiteten eng zusammen, nicht nur untereinander, sondern auch mit ausländischen Kollegen. Alle benutzten die gleichen geschwungenen, länglichen Formen, die sich zu Mustern entwickelten, oft mit organischer Struktur.

In der dänischen Goldschmiedekunst wurde um 1900 vor allem Bernstein in Kombination mit Silberschmuck benutzt. Ganz im Sinne der Zeit bemühten sich die Designer, nationale Eigenarten hervorzuheben, wofür sich Bernstein besonders gut eignete. Aus diesem Grund hat sich die Kombination von Silber und Bernstein in Dänemark als Tradition etabliert.

Abb. 74. Schmuck aus Silber und Bernstein.
1. Haarkamm. Stempel: WmF (Wiliam Fuglede). Kopenhagen, ca. 1920.
2. Brosche. Stempel: SJ. 1900-1920.
3. Gürtelschnalle. Stempel: S/Hammer/L (Grann & Laglye). 1920er Jahre.

Abb. 75. Schmuck aus Silber und Bernstein.

1. *Brosche mit Bernstein und grünen Steinen. Stempel: Georg Jensen. 1925-1930.*
2. *Halsschmuck, silbermontiert. Stempel: FKH (F. Kastor Hansen). 1910-1920.*
3. *Anhänger, Bernstein und Koralle. Stempel: KBS (Kay Bojesen) mit einer Boje in Wellen. Kopenhagen, 1915-1918.*

Abb. 76. Broschen aus Silber und Bernstein. Frankreich, Mitte 20. Jhdt.
1. Schmetterling. Stempel: 10 oz, Bär.
2. Hirschkäfer. Stempel: EJ.

BERNSTEINLITERATUR
- März 2000

Bachofen-Echt, Adolf: Der Bernstein und seine Einschlüsse. Wien 1949 (1996).

Becker, C.J.: Nordens Guld, dansk rav. Randers 1950.

Bencard, Mogens: Rav på Rosenborg. Træ og Metal, Turistårbogen 1987.

Der Bernstein und seine Wirtschaft. Preussag 1936.

Die Bernstein-Werkstatt in Zarskoje Selo (Tsarskoselskaya Yantarnaya Masterskaya). 1999.

Bernsteinmuseum Ribnitz-Damgarten, katalog. Kunstpreis 1993 der Stadt Ribnitz-Damgarten.

Bonde, Niels: Der er rav i génskabte dinosaurer i "Cretaceous Park". Varv 1993, nr. 3.

Botfeldt, Knud: Baltisk rav og dets egenskaber. Konservatorskolen 1997.

Botfeldt, Knud: Rav. Konservatorskolen 1987.

Botfeldt, Knud: Rav - nedbrydning og konservering. København 1980.

Bubrys, Romualdas: Palangos Gintaro Muziejus. Vilnius 1991.

Bölsche, Wilhelm: Im Bernsteinwald. Stuttgart 1927.

Caridad, Jorge m.fl.: Mondo di ambra - I segreti dell ambra dominicana. Santo Domingo 1998.

Carlsen, Lars, Feldthus, Anders, Klarskov, Tina und Shedrinsky, Alexander: Det er rav - eller er det? Dansk Kemi, jan. 1996, 77 årg. nr. 1.

Cattaneo, Giovanni Luca: Ambra, un passato che vive ancora. Rom 1995.

Dahlström, Åke und Brost, Leif: Rav - Stenen der flyder og brænder. København 1996.

Dedenroth-Schou, Poul m.fl.: Rav & Sølv. Christian Fjerdingstad, en dansk art-deco sølvsmed i Paris. Koldinghus 1999.

Dietrichson, Lorentz: Den norske elfenbensskærer, Magnus Berg. Kristania og Kjøbenhavn 1912.

Dragsbo, Peter: Ravjyder i 100 år. Mark og Montre 1988, p. 22-28.

Erichson, Hans: Bernsteinmuseum Ribnitz-Damgarten. 1990.

Erichson, Ulf: Moderne Bernsteinkunst (Modern Amber Art). Ribnitz-Damgarten 1999.

Erichson, Ulf und Tomezyk, Leonhard: Die Staatliche Bernstein-Manufaktur Königsberg 1926-1945. Ribnitz-Damgarten 1998.

Estudios del museo de ciencias naturales de Alava. Número especial 2, Volumen 14, 1999.

Ganzelewski, Michael und Slotta, Rainer (red.): Bernstein - Tränen der Götter. Bochum 1996.

Gierlowski, Wieslaw: Bursztyn i gdanscy bursztynnicy. Gdansk 1999.

Goeppert, H.R. und Berendt, G.C.: Der Bernstein und die in ihm befindlichen Pflanzenreste der Vorwelt. Berlin 1845.

Grimaldi, David A.: Amber, Window to the Past. New York 1996.

Grzonkowski, Jens: Bernstein. Hamburg 1996.

Hagberg, Ulf Erik, Ahnlund, Henrik, Mierzweinski, Mariusz und Jastrun, Thomasz: Bärnsten, Guldet från Östersjön. /Bursztyn Zloto Baltyku. Excalibur 1993.

Heie, Ole E.: Studies on fossil aphids. Copenhagen 1967.

Hestnes, Stefan: Rav - find det selv. Odense 1994.

Hunger, Rosa: The Magic of Amber. London 1977.

Inclusion Wrostek. Paleoentomological Newsletter and Workshop. Cracow.

Jensen, Jørgen: Nordens Guld. København 1982.

Juul, Torben: Rav - et naturprodukt. Skarv 1980/83.

Kosmowska-Ceranowicz, Barbara (red.): Bernstein, Schatz urzeitlicher Meere. Warszawa 1996.

Kosmowska-Ceranowicz, Barbara (red.): Bernstein, Schatz urzeitlicher Meere. 3. udg., Warszawa 1998.
Kosmowska-Ceranowicz, Barbara (red.): Amber, Treasure of the Ancient Seas. Warszawa 1996.
Kosmowska-Ceranowicz, Barbara & Paner, Henryk (red.): Investigations into Amber. Gdansk 1999.
Kosmowska-Ceranowicz, Barbara, Pietrzak, Teresa und Rózycka, Teresa: Baltic Amber and other Fossil Resins in Polish Litterature and Works by Polish Authors in World Litterature, Part I: Amber in nature, culture and art. Warsaw 1993.
Kosmowska-Ceranowicz, Barbara, Gula, Malgorzata und Kwiatkowska, Katarzyna: Baltic Amber and other Fossil Resins in Polish Litterature and Works by Polish Authors in World Litterature, Part II: Amber in Archaeology. Warsaw 1994.
Kosmowska-Ceranowicz, Barbara: Spuren des Bernsteins. Bielefeld 1992.
Kosmowska-Ceranowicz, Barbara und Konart, Zdjecia Tomasz: Tajemnice Bursctynu. Warszawa 1995.
Krause, Karlheinz: Durch Gletscher und Wasser verfrachtet: Bernstein - Transport und Transportwege. Arbeitskreis Paläontologie Hannover, årg. 25. 1997.
Krause, Karlheinz: Baltischer Bernstein aus einer Kiesgrube bei Buxtehude. Geschiebekunde Aktuell, årg. 14 heft 3. Hamborg August 1998.
Krause, Karlheinz: Bernstein an den Küsten und im Binnenland der norddeutschen Tiefebene. Heidelberg Juli/August 1998.
Kristensen, Frants: Rav, fra harpiks til smykke. København 1986.
Krumbiegel, Günter: Der Bitterfelder Bernstein (Succinit). Lausitzer und Mitteldeutsche Bergbau-Verwaltungsgesellschaft mbH, 1997.
Krumbiegel, Günter: Der Bitterfelder Bernstein und andere fossile Harze. 1989.
Krumbiegel, Günter: Bernstein aus Bitterfeld. Sonderdruck aus Fossilien 3, 1991 und 2, 1993.
Krumbiegel, Günter: Braunkohle als Rohstoff für die Montanwachsgewinnung. Romonta GmbH, 1977.
Krumbiegel, Günter: Eidechsenfund im Baltischen Bernstein. Fossilien 4, 1998.
Krumbiegel, Günter: Fossile Harze aus der Geiseltalbraunkohle und aus dem Tagebau Königsaue (Sachsen-Anhalt). Halles Jahrb. Geowiss. B 17, 1995 p. 139-148.
Krumbiegel, Günter: Geiseltalmuseum. Halle-Wittenberg 1987.
Krumbiegel, Günter: Geologische Naturdenkmale und ihre Bedeutung bei der Territorialgestaltung und im Bildungswesen. Hercynia N.F., Leipzig 23, 1986 p. 354-367.
Krumbiegel, Günter, Kosmowska-Ceranowicz, Barbara und Sauer, Wilfrid: Lausitzer Bernstein. Lausitzer Braunkohle Aktiengesellschaft, 1993.
Krumbiegel, Günter: Rekonstruktion eines tertiären Moores Dei Fossilfundstätte Geiseltal. Mineralien-Magazin 4 (eller 7), 1980 p. 317-322.
Krumbiegel, Günter: Xenusion - Bindeglied zwischen Tierstämmen? Fossilien 4, 1992.
Krumbiegel, Günter: Zur Palökologie der tertiären Fossilfundstellen des Geiseltales. Hercynia N.F., Leipzig 12, 1975 p. 400-417.
Krumbiegel, Günter und Brigitte: Bernstein, Fossile Harze aus aller Welte. Freiburg 1994.
Krumbiegel, Günter and Dzik, Jerzy: The oldest “onychophoran” Xenusion: a link connecting phyla? Lethaia 22, 1989.
Krzeminska, Ewa und Krzeminski, Wieslaw: W. Bursztynowej Pulapce. Krakow 1993.
Krzeminska, Ewa und Krzeminski, Wieslaw: Les Fantomes de l’ambre. Suisse 1992.

Laurbek, Peter: Ravfiskeri.Vendsyssel Nu og Da 1983, p. 60 – 71.
Lithos (minéralogie, patéontologi, geologie) nr. 1 1980.
Ludwig, Günter: Sonnesteine, Eine Geschichte des Bernsteins. Berlin 1984(?).
Meganeura, Palawoentomological newsletter.
Metalla. Neue Erkenntnisse zum Bernstein. Internationales Symposium im Deutschen Bergbau-Museum. Bochum 1997.
Meyer, Karl: Varekundskab. København 1898.
Mierzwinska, Elzbieta: Dzieje Bursztynu. Muzeum Zamkowe w Malborku 1989.
Mierzwinska, Elzbieta, Mierzwinski, Mariusz und Ritzkowski, Siegfried: Kunstschätze aus Bernstein. Maximilianmuseum, Augsburg 1997.
Mierzwinski, Mariusz und Haftka, Mieczyslaw: Marienburg, Burg des Deutschen Ordens. München 1996.
Mierzwinski, Mariusz und Haftka, Mieczyslaw: Malbork, Castle of the Teutonic Order. München 1992.
Objets d'art in Amber. Amber Room. Leningrad 1990.
Pelka, Otto: Bernstein. Bibliotek für Kunst- & Antiquitätensammler, Band 18. Berlin 1920.
Plinius Secundus d. Ä., C.: Naturkunde. Zürich 1994.
Ploug, Mariann: Et ravbælte fra Fanø? Mark og Montre 1994, p. 37-40.
Preussische Berg Werks- und Hütten-Aktien Gesellschaft: Der Bernstein und seine Wirtschaft. Bernsteinwerke Königsberg i. Pr. 1936.
Reineking von Bock, Gisela: Bernstein, das Gold der Ostsee. München 1991.
Reinicke, R., Rozycki, M. und Schmidt, H.: Bernstein - Gold des Meeres. Sonderaufstellung des Kreismuseums Wolgast 1994.
Reinicke, Rolf und Erichson, Ulf: Bernsteinmuseum Ribnitz - Damgarten. Rostock 1990.
Reinicke, Rolf: Bernstein, Gold des Meeres. Rostock 1990 (1995).
Ross, Andrew: Amber - The Natural Time Capsule. London 1998.
Rudat, Klaus: Bernstein, ein Schatz an unseren Küsten. Husum 1985/89.
Rudwick, Martin J.S.: Scenes from Deep Time. Chicago and London (1992) 1995.
Schrøder, Michael: Den gyldne død. København 1946.
Stuttgarter Beiträge zur Naturkunde - serie C.
- Schlee, Dieter: Der Bernsteinwald. Stuttgart 1986.
- Schlee, Dieter: Das Bernstein-Kabinett. Nr. 28. Stuttgart 1990.
- Schlee, Dieter, Vavra, Norbert, Soom, Michael und Höneisen, Markus: Bernstein-Neuigkeiten. Nr. 18. Stuttgart 1984.
Taffinder, Jacqueline: Amber. The Allure of the Exotic. The social use of non-local raw materials during the Stone Age in Sweden, p. 55-58. Aun 25. Uppsala 1998.
The Teras of the Heliads. Moskwa 1991.
Voronov, Mikhail und Kuchumov, Anatoly: The Amber Room. Leningrad 1989.
Waldmann, F.: Der Bernstein im Altertum. Fellin 1883. Genoptryk.
Weitschat: Leben im Bernstein. Hamborg 1980.
Weitschat, Wolfgang und Wichard, Wilfried: Atlas der Pflanzen und Tiere im Baltischen Bernstein. München 1998.
Wermusch, Günter: Die Bernstein-Zimmer-Saga. Berlin 1991.

INHALTSVERZEICHNIS